El Imperio asirio

Un apasionante relato sobre la historia de Asiria, los asirios y su papel en la antigua Mesopotamia

© Copyright 2025

Todos los derechos reservados. Ninguna parte de este libro puede ser reproducida de ninguna forma sin el permiso escrito del autor. Los revisores pueden citar breves pasajes en las reseñas.

Descargo de responsabilidad: Ninguna parte de esta publicación puede ser reproducida o transmitida de ninguna forma o por ningún medio, mecánico o electrónico, incluyendo fotocopias o grabaciones, o por ningún sistema de almacenamiento y recuperación de información, o transmitida por correo electrónico sin permiso escrito del editor.

Si bien se ha hecho todo lo posible por verificar la información proporcionada en esta publicación, ni el autor ni el editor asumen responsabilidad alguna por los errores, omisiones o interpretaciones contrarias al tema aquí tratado.

Este libro es solo para fines de entretenimiento. Las opiniones expresadas son únicamente las del autor y no deben tomarse como instrucciones u órdenes de expertos. El lector es responsable de sus propias acciones.

La adhesión a todas las leyes y regulaciones aplicables, incluyendo las leyes internacionales, federales, estatales y locales que rigen la concesión de licencias profesionales, las prácticas comerciales, la publicidad y todos los demás aspectos de la realización de negocios en los EE. UU., Canadá, Reino Unido o cualquier otra jurisdicción es responsabilidad exclusiva del comprador o del lector.

Ni el autor ni el editor asumen responsabilidad alguna en nombre del comprador o lector de estos materiales. Cualquier desaire percibido de cualquier individuo u organización es puramente involuntario.

Índice

INTRODUCCIÓN 1
CAPÍTULO 1: EL NORTE DE MESOPOTAMIA ANTES DE LOS ASIRIOS 11
CAPÍTULO 2: EL PERIODO INICIAL Y EL IMPERIO ACADIO 22
CAPÍTULO 3: EL ANTIGUO IMPERIO ASIRIO Y BABILONIA 29
CAPÍTULO 4: RESTAURACIÓN Y CAÍDA ANTE LOS MITANI 39
CAPÍTULO 5: EL IMPERIO ASIRIO MEDIO 42
CAPÍTULO 6: ASIRIA DURANTE EL COLAPSO DE LA EDAD DE BRONCE 47
CAPÍTULO 7: EL IMPERIO NEOASIRIO 50
CAPÍTULO 8: DIVERSIDAD LINGÜÍSTICA 80
CAPÍTULO 9: RELIGIÓN Y CREENCIAS 86
CAPÍTULO 10: ARTE Y ARQUITECTURA 94
CONCLUSIÓN 103
VEA MÁS LIBROS ESCRITOS POR ENTHRALLING HISTORY 105
REFERENCIAS 106
FUENTES DE IMAGENES 107

Introducción

Asiria fue una de las primeras grandes potencias del mundo. Tenía su base en el norte de Mesopotamia, la zona situada entre los ríos Tigris y Éufrates, en el actual Irak. Asiria comenzó como uno de los muchos estados de Oriente Próximo, pero rápidamente se convirtió en uno de los más influyentes. Finalmente, tras una serie de conquistas, se convirtió en uno de los primeros imperios del mundo. No solo incluía su núcleo en el actual Irak, sino también partes de Siria, Turquía, Líbano, Irán, Israel y Jordania.

Es fascinante descubrir cómo funcionaba el proceso de formación de un Estado en la antigüedad. Es aún más fascinante que cuando este imperio fracasó, lo hizo de forma catastrófica y rápida. Pasó de la riqueza a la ruina en una sola generación.

Sin embargo, hasta hace bastante poco, apenas se conocía Asiria, aparte de unas pocas referencias bíblicas. Solo a mediados del siglo XIX los arqueólogos empezaron a descubrir las primeras civilizaciones de Mesopotamia.

Austen Henry Layard fue el primero en iniciar las excavaciones, concentrándose en Nínive, la capital del rey Senaquerib. También trabajó en Nimrud (la antigua Kalkhu) y más tarde en yacimientos babilónicos del sur de Mesopotamia. Publicó las primeras obras sobre Asiria y envió un gran número de antigüedades al Museo Británico. Además de descubrir espléndidos palacios, enormes esculturas y delicados frisos, también encontró un recurso asombroso, la Biblioteca de Asurbanipal. Esta constaba de veintidós mil tablillas de arcilla inscritas que databan de alrededor del 668 al 627 a. e. c. y abarcaban la historia de Asiria y de culturas anteriores, remontándose dos mil años desde la época de Asurbanipal.

Sin embargo, Layard no excavó en Assur, la capital asiria original. Esta excavación tuvo que esperar hasta 1903 al arqueólogo alemán Walter Andrae, que pasó once años excavando el yacimiento. Demostró ser un arqueólogo más sistemático que Layard. Andrae excavó zanjas en todo el yacimiento para comprender la vida y la disposición de la ciudad, incluidas las pequeñas casas, los templos y los palacios.

Asiria no fue la primera civilización de Oriente Próximo. Los sumerios gobernaron durante varios siglos antes del surgimiento de Asiria. La cultura sumeria fue preservada como cultura «clásica» por los asirios. Y desde los inicios de Asiria, existió una profunda rivalidad con Babilonia, que tenía su base en las tierras más fértiles situadas más al sur.

Aunque Asiria no fue el primer imperio, duró mucho más que el Imperio acadio. Y gracias a la conservación de sus bibliotecas, sabemos mucho sobre él. Sabemos cómo se centralizaba y controlaba la producción, qué ocurría en los templos, qué presagios se consideraban buenos (y cuáles improbables) y qué alimentos se consideraban un manjar especial (las langostas).

Este libro abarcará la historia asiria desde sus inicios hasta el final del imperio. En primer lugar, presentará a los sumerios, que desarrollaron muchas de las tecnologías e ideologías que los asirios utilizaron para crear su Estado, y a los acadios, que fueron la primera potencia militar real de Mesopotamia. Los asirios conocían su historia, ya que algunos reyes asirios incluso tomaron nombres de reyes acadios, lo que quizá subrayaba su deseo de emular el éxito acadio en la guerra.

Los asirios tenían fama de ser una nación especialmente agresiva. Esto se debió en parte a que, durante siglos, solo se los conoció a través de la Biblia, donde se los mostraba como agresores belicosos. El poeta lord Byron ciertamente los veía así:

> «El asirio descendió como un lobo sobre el redil,
> y sus cohortes brillaban en púrpura y oro;
> y el brillo de sus lanzas era como estrellas en el mar,
> cuando la ola azul rueda cada noche sobre la profunda Galilea».
> —Lord Byron[i].

---

[i] Lord Byron, "The Destruction of Sennacherib" líneas 1-4, de *Hebrew Melodies*, 1815.

Por supuesto, la expansión asiria fue mucho más que una simple proeza militar. Poco a poco, los asirios construyeron un imperio en lugar de un simple conjunto de estados conquistados. Para ello, tuvieron que innovar económicamente y crear una administración y una infraestructura muy estructuradas, como carreteras y correos.

Existen algunas dificultades a la hora de escribir la historia asiria. Algunos de los primeros reyes (que no figuran en la cronología que se muestra a continuación) solo se conocen por listas de reyes asirios que se escribieron mucho más tarde; es posible que sean míticos. La datación no es muy fiable para los periodos asirio antiguo y medio. Para la época temprana, la mayoría de los datos que pueden utilizar los historiadores se conocen a través de las inscripciones reales en los templos, que pretendían mostrar al rey como un gobernante ideal, que construía ciudades y templos, derrotaba a sus enemigos y producía abundantes sacrificios para los dioses. Son, obviamente, tendenciosas. El Imperio neoasirio cuenta con una correspondencia detallada que permite una evaluación más clara de los gobernantes como individuos, e incluso así, a veces no está del todo claro por qué sucedieron ciertas cosas o qué sucedió exactamente.

Existe correspondencia entre mercaderes y comerciantes de épocas anteriores que nos ofrece una visión fascinante de la vida de las clases medias de la época. Muchas de estas cartas se encontraron en las casas de los propios interesados en ellas, por lo que las pruebas arqueológicas y escritas se complementan de forma inusual y muy satisfactoria.

Comprender a los asirios solo en términos de nombres y fechas no da la imagen completa. Por eso este libro incluye capítulos sobre las lenguas que utilizaban, su arte y su soberbia arquitectura monumental, y su religión. Mientras que, en algunos aspectos, los asirios pueden parecernos bastante cercanos (les encantaba su cerveza, por ejemplo), en otros, su cultura era muy diferente (por ejemplo, vivían encima de las tumbas de sus antepasados o utilizaban oráculos para decidir la estrategia militar).

Una impresión del aspecto que pudo tener Nínive en su apogeo [1]

Puede que Asiria no fuera el lugar donde usted querría vivir. Ciertamente, no era un imperio contra el que uno quisiera luchar. Sin embargo, dejó tras de sí algunos restos magníficos, y para muchos asirios, incluidos los pueblos sometidos, la vida era buena, entre otras cosas porque una de las tareas declaradas de cualquier rey asirio era velar por el bienestar de su pueblo.

Merece la pena estudiar a los asirios, ya que su idea de cómo armar un Estado llegó a ser increíblemente influyente durante los siguientes cientos de años. Sin Asiria, no habría habido Imperio persa, ni Alejandro Magno, ni Imperio romano. Y sin los romanos, la historia occidental habría tenido un aspecto muy diferente.

Cronología

Periodo asirio antiguo	
Puzur-Assur I	C2025 a. e. c.
Shalim-ahum	incierto
Ilushuma	incierto
Erishum I	1974-1935 a. e. c.
Ikunum	1934-1921
Sargón I	1920-1881
Puzur-Assur II	1880-1873
Naram-Sin	1872-1819
Erishum II	1818-1809
Shamshi-Adad	
Shamshi-Adad I	1808-1776
Ishme-Dagan I	1775-1765
Mut-ashkur	incierto
Rimush	incierto
Asinum	incierto

Usurpadores 1735-1701	
Puzur-Sin	
Assur-dugul	
Ashur-apla-idi	
Nasir-Sin	
Sin-namir	
Ipqi-Ishtar	
Adad-salulu	
Adasi	
Adasidas	
Belu-bani	1700-1691
Libaia	1690-1674
Sharma-Adad I	1673-1662
Iptar-Sin	1661-1650
Bazaya	1649-1622
Lullaia	1621-1616
Shu-Ninua	1615-1602
Sharma-Adad II	1601-1599

Erishum III	1598-1586
Shamshi-Adad II	1585-1580
Ishme-Dagan II	1579-1564
Shamshi-Adad III	1563-1548
Assur-nirari I	1547-1522
Puzur-Assur III	1521-1498
Enlil-nasir I	1497-1485
Nur-ili	1484-1473
Assur-shaduni	1473
Assur-rabi I	1472-1453
Assur-nadin-ahhe I	1452-1431
Enlil-nasir II	1430-1425
Assur-nirari II	1424-1418
Assur-bel-nisheshu	1417-1409
Assur-rim-nisheshu	1408-1401
Assur-nadin-ahhe II	1400-1391
Eriba-Adad I	1390-1364

Periodo asirio medio	
Ashur-uballit I	1363-1328
Enlil-nirari	1327-1318
Arik-den-ili	1317-1306
Adad-nirari I	1305-1274
Salmanasar I	1273-1244
Tukulti-Ninurta I	1243-1207
Assur-nadin-apli	1206-1203
Assur-nirari III	1202-1197
Enlil-kudurri-usur	1196-1192
Ninurta-apal-Ekur	1191-1179
Assur-Dan I	1178-1133
Ninurta-tukulti-Assur	1132
Mutakkil-Nusku	1132
Assur-resh-ishi I	1132-1115
Tiglat-Pileser I	1114-1076
Asharid-apal-Ekur	1075-1074
Assur-bel-kala	1073-1056

Eriba-Adad II	1055-1054
Shamshi-Adad IV	1053-1050
Asurnasirpal I	1049-1031
Salmanasar II	1030-1019
Assur-nirari IV	1018-1013
Assur-rabi II	1012-972
Assur-resh-ishi II	971-967
Tiglat-Pileser II	966-935
Assur-Dan II	934-912
Imperio neoasirio	
Adad-nirari II	911-891
Tukulti-Ninurta II	890-884
Asurnasirpal II	883-859
Salmanasar III	859-824
Shamshi-Adad V	824-811
Adad-nirari III	811-783
Salmanasar IV	783-773
Assur-Dan III	773-755

Assur-nirari V	755-745
Tiglat-Pileser III	745-727
Salmanasar V	727-722
Sargónidos	
Sargón II	722-705
Senaquerib	705-681
Asarhaddón	681-669
Asurbanipal	669-631
Assur-etil-ilani	631-627
Sin-sumu-lisir	626
Sinsharishkun	627-612
Ashur-uballit II	612-609

Nota: Todos estos años de reinado corresponden a fechas aproximadas; es imposible saber con certeza cuándo gobernaron cada uno de estos reyes. Además, la práctica mesopotámica consistía en fechar el reinado de un rey a partir de su primer año completo en el cargo y no a partir de su acceso al trono. Por eso las fechas de muchos reyes de los periodos anteriores parecen demasiado prolijas. Para la época tardía del Imperio neoasirio, una información más detallada permite una datación más precisa.

Capítulo 1: El norte de Mesopotamia antes de los asirios

Mesopotamia es conocida como la tierra «entre los ríos» (eso es lo que significa el nombre en griego). Los ríos en cuestión eran el Éufrates y el Tigris, que bajaban por lo que hoy es Irak hacia el golfo Pérsico.

Mesopotamia era principalmente tierra llana, estepas, llanuras y pantanos. Sobre todo hacia el sur, había mucha tierra fértil con mucho limo y arcilla. Sin embargo, las condiciones eran áridas y, hacia el mar, la tierra es muy pantanosa, por lo que se requería un cierto trabajo duro para que la tierra fuera productiva.

La civilización surgió primero en Mesopotamia, incluso antes que en Egipto, el valle del Indo o China. Los primeros pobladores de la zona fueron los protoeufrateos o el-Ubaid, agricultores de la Edad de Piedra que vivían en pequeñas aldeas y cuyos asentamientos se han excavado desde entonces en el-Ubaid, cerca de Ur. Sin embargo, no fue hasta la llegada de los sumerios, posiblemente desde algún lugar cercano al mar Caspio, cuando se creó por primera vez una cultura urbana.

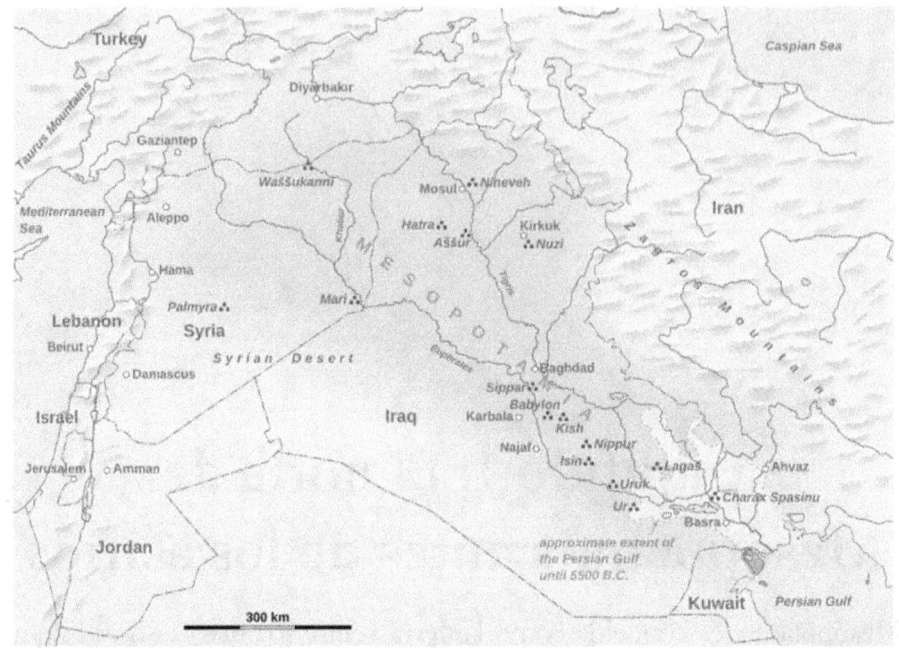

Un mapa de Mesopotamia que muestra algunos de los primeros lugares de asentamiento'

Los sumerios hicieron enormes avances. Avanzaron desde la Edad de Piedra (el Calcolítico, para ser precisos) hasta la Edad de Bronce y aumentaron enormemente la productividad agrícola gracias a la irrigación. También inventaron el arado sembrador, que disponía de un embudo para colocar la semilla inmediatamente después de haber volteado el surco. Esto era mucho más eficaz que simplemente arrojar la semilla (lo que se conoce como siembra al voleo) y podría haber aumentado el rendimiento hasta en un 50 %.

Sumeria no solo tenía un dios del agua singular. El principal dios del agua se llamaba Enki, al que a menudo se muestra con los dos grandes ríos cayendo de sus hombros como alas acuosas. También había un dios de los canales, Ennugi. Todo en Sumeria procedía de los ríos. Los ríos les proporcionaban agua para la agricultura, pesca, arcilla para la alfarería, haces de juncos atados entre sí para las primeras construcciones y arcilla para los adobes.

Los sumerios también contaban la historia de una gran inundación, similar a la del diluvio de Noé. Tanto el Tigris como el Éufrates se desbordaban con frecuencia, pero también de forma impredecible, y el mito refleja esa realidad. Esta inundación hizo de Mesopotamia un lugar diferente de Egipto, donde el desbordamiento del Nilo era previsible; la civilización egipcia se desarrolló de forma muy diferente debido a ello.

También existe otro vínculo con el Diluvio Universal. La Biblia establece que Noé fue el patriarca de todos los pueblos de Oriente Próximo. Según la Biblia, los tres hijos de Noé fundaron cada uno una familia de naciones. Sem, por ejemplo, fue el padre de los hebreos, pero entre sus hijos también se encontraban Elam, fundador de la ciudad-estado iraní de Elam, y Assur, fundador de la ciudad de Assur y de la nación asiria. La familia de Cam fundó Egipto y la cultura cananea. El nieto de Cam, Nemrod, fue más tarde identificado tradicionalmente como el constructor de la Torre de Babel.

Sin embargo, la Biblia obviamente no menciona el hecho de que Assur no era un rey, sino una deidad, y Nemrod no está atestiguado en ninguna de las listas de reyes de Babilonia.

La primera escritura y las primeras matemáticas se encuentran en Sumeria. La escritura comenzó como pictogramas toscos, originados alrededor del año 3000 a. e. c. Pronto se convirtió en una escritura más abstracta, escrita sobre arcilla encontrada en la cuenca del río. La escritura permitió a los sumerios redactar un código legal por primera vez en la historia de la humanidad. El derecho escrito desempeñó un papel importante en la sociedad sumeria; por ejemplo, se han encontrado escrituras de compraventa que datan del 2700 a. e. c. en adelante.

Para la aritmética, los sumerios utilizaban tanto la base seis como la base diez. La necesidad de contabilizar los excedentes agrícolas podría haber motivado el desarrollo tanto de las matemáticas como de la escritura. La transición a una economía monetaria también se produjo en una fecha temprana. (Es interesante que Egipto no desarrollara una economía monetaria durante dos milenios; desarrolló una economía centralizada, en lugar de una comercial). Quizá sea significativo que las preguntas matemáticas para los alumnos reflejaran su preocupación por los recursos hídricos y la agricultura. «Si una cisterna mide esto de ancho y esto de profundo, y está llena, ¿cuánta tierra puede regar?», parece haber sido una forma típica de ejercitar la mente de los jóvenes estudiantes.

La dependencia de la irrigación también significaba que Sumeria necesitaba un método para organizar su población y sus posesiones de tierras que permitiera establecer grandes sistemas de irrigación. En otras palabras, la necesidad de regar obligó al Estado a evolucionar. La vida urbana también requería un sistema de gobierno más complejo que el pastoreo, lo que condujo a una creciente especialización de los oficios. En lugar de vivir en pequeños asentamientos, los sumerios crearon ciudades, que fueron amuralladas muy pronto.

Sin embargo, había un problema importante. Mesopotamia tenía ríos, limo y arcilla. De lo que no tenía mucho era de metal, piedra y madera. No había grandes recursos metálicos en la región, y los árboles no crecían con facilidad allí. Esto obligó a Sumeria a intercambiar sus excedentes agrícolas por todo lo que necesitaba. Cuando la civilización sumeria hubo madurado, las ciudades sumerias comerciaban con lugares tan lejanos como la India, el Cuerno de África y los mares Caspio y Mediterráneo.

Sin embargo, durante mucho tiempo se perdió todo rastro de Sumeria. Estuvo incluso mejor oculta que Asiria, ya que no se menciona en la Biblia. Aunque primero se descifraron los textos cuneiformes persas antiguos, asirios y babilónicos, el sumerio tardó más. No fue hasta 1869 cuando el asiriólogo francés Jules Oppert denominó sumerios a los escritores de los primeros cuneiformes. La excavación de la ciudad sumeria de Lagash en 1877 y la de Nippur ampliaron enormemente el número de textos en sumerio a disposición de los eruditos.

Sir Leonard Woolley realizó los siguientes grandes avances en las décadas de 1920 y 1930, cuando excavó Uruk y después Ur. En Ur encontró la tumba de la reina Pu-Abi, una tumba real intacta que contenía un sello cilíndrico con su nombre, un tocado de oro, un carro y un arpa. También descubrió otras tumbas y fosas mortuorias que contenían los cuerpos de criados que parecen haber sido sacrificados.

Estas excavaciones, junto con el uso de textos escritos sumerios, permiten cotejar la estratigrafía arqueológica (datación de artefactos por las capas, o estratos, de la tierra en la que se encuentran) con los registros sumerios. La datación de la historia sumeria se basa en los descubrimientos de los arqueólogos en Uruk, donde un pozo de prueba de veinte metros de profundidad permitió a los arqueólogos determinar la estratigrafía desde el primer asentamiento en el lugar hasta aproximadamente el 2500 a. e. c., momento en el que los sumerios ya utilizaban la escritura.

Se conservan alrededor de mil inscripciones «históricas» de Sumeria, pero las fórmulas de datación utilizadas en documentos administrativos y comerciales también pueden servir para ayudar a fechar acontecimientos. Los años no se numeraban, sino que se les daba el nombre de acontecimientos especialmente importantes que ocurrían, y luego se creaban listas con los nombres de los años del reinado de cada rey.

La Lista Real Sumeria, de la que sobreviven dieciséis versiones (en su mayoría incompletas), abarca desde la línea «después de que la realeza descendiera del cielo, la realeza estaba en la ciudad de Eridu» hasta la histórica dinastía de Isin. La historia sumeria comenzó probablemente entre el 4500 y el 4000 a. e. c., cuando se establecieron los primeros asentamientos. La cultura sumeria duró casi tres mil años a partir de esta fecha.

La lista de reyes se basa en la idea de que la «realeza» se invistió en una ciudad a la vez. Tras el diluvio universal, primero Kish, luego Uruk y después Ur se mencionan como sedes de la realeza, dando la impresión de que cada una sucedió a la otra. De hecho, estas dinastías se solaparon, con las tres ciudades compitiendo por el dominio. Otras ciudades que aparecen en la lista de reyes son Akshak, Mari, Adab y Lagash.

Había alrededor de una docena de ciudades-estado en Sumeria. Cada una era una ciudad amurallada y tenía un zigurat, la mayor contribución de Sumeria a la arquitectura. Un zigurat es una especie de pirámide escalonada, que tal vez comenzó como un zócalo cuadrado o un montículo bajo el edificio de un templo. A su alrededor se añadían más terrazas; el centro estaba hecho de ladrillos de barro relativamente blandos, sin cocer, que luego se rodeaba de muros de contención hechos de ladrillos de barro cocidos (más duros). (El Zigurat de West Sacramento, California, es un modelo excelente; el edificio SIS de Londres, Inglaterra, es una actualización más llamativa).

El gran Zigurat de Ur[9]

El zigurat más antiguo data de alrededor del 4000 a. e. c., pero sus precursores fueron plataformas elevadas o montículos que datan de una época tan lejana como el periodo Ubaid en el VI milenio a. e. c. El zigurat se consideraba un medio de conexión entre el cielo y la tierra. El zigurat de Babilonia se llamaba Etemenanki, «El templo de la creación del cielo y de la tierra» en sumerio.

En terrenos llanos, los constructores hacían una montaña artificial en cuya cima se creía que vivía la deidad de la ciudad. Los zigurats formaban parte de un complejo sagrado que incluía otros edificios, y eran las construcciones más altas de cada ciudad. Según Heródoto, había un santuario en la cima de cada zigurat. Nunca se ha encontrado ninguno, pero el avanzado estado de ruina de la mayoría de los zigurats existentes puede explicarlo. Los zigurats no eran lugares públicos; eran la morada de los dioses. Solo los sacerdotes habrían tenido acceso para proporcionar a los dioses comida y bebida y cuidar de ellos de otro modo.

Cada ciudad tenía su propio dios, algo que adquirió gran importancia cuando Asiria empezó a construir un imperio. El dios de Babilonia era Marduk, la deidad de Uruk era la diosa Inanna y Enlil, el dios de la tierra, era el patrón de Nippur.

Parece que las ciudades sumerias no estaban gobernadas inicialmente por reyes, sino por un *ensi*, o gobernador, en cooperación con un consejo. La realeza surgió probablemente de la necesidad de un liderazgo militar una vez que las ciudades-estado empezaron a competir entre sí.

Resulta intrigante que en la mayoría de las ciudades sumerias exista una clara separación entre el templo y el palacio. Ambos están situados en el borde de la ciudad, pero distantes entre sí. Sin embargo, el templo siempre parece haber dominado el horizonte.

Una cosa que era muy importante para los sumerios era la cerveza; esta era una pasión mesopotámica que continuó bajo los asirios y los babilonios. De hecho, los sumerios probablemente inventaron la cerveza. Le dieron una diosa, Ninkasi, cuyo nombre significa «señora de la cerveza». La cerveza solía beberse con una pajita larga para que varias personas pudieran beber de la misma vasija a la vez, lo que era una gran forma de fomentar la amistad y la cooperación entre el pueblo.

Puede que no le parezca que la cerveza tenga importancia histórica, pero una de las pocas inscripciones que mencionan al rey Enannatum II de Lagash es una inscripción en el zócalo de la puerta de la cervecería de Nigirsu, que cuenta cómo Enannatum, hijo de Entemena, *ensi* de Lagash, restauró la cervecería para el dios guerrero Nigursu. Sin esa cervecería, tal vez no hubiera sido posible distinguirlo de Enannatum I, y la historia sería un poco diferente.

Uruk fue la primera gran ciudad. Se llama Erech en la Biblia o Warka en árabe. Su primer rey fue Meskiaggasher, y le siguió su hijo Enmerkar. Luego subió al trono su compañero, Lugalbanda, y le siguió Dumuzi. Este último se convirtió en el centro de un rito matrimonial sagrado y de un luto formal una vez que murió. Estos ritos se seguían celebrando en el siglo VI a. e. c.). El siguiente rey, según la Lista Real Sumeria, fue Gilgamesh, que se convirtió en el héroe sumerio por excelencia. Gobernó Uruk entre 2900 y 2350 a. e. c. durante el periodo dinástico temprano.

La *Epopeya de Gilgamesh* fue uno de los textos descubiertos en la Biblioteca de Asurbanipal. Cuenta cómo el héroe Gilgamesh entabla amistad con el hombre salvaje Enkidu, cómo juntos derrotan a Humbaba y cómo Gilgamesh rechaza a la diosa Ishtar y derrota al Toro del Cielo, que ella envía para castigarlo por su rechazo. Entonces,

Enkidu muere y Gilgamesh, temeroso de la muerte, intenta encontrar la inmortalidad. Fracasa en su búsqueda, pero regresa a Uruk, comprendiendo que él también morirá (no es el más optimista de los finales, hay que decirlo, pero tiene un golpe emocional que incluso los humanos de hoy en día pueden comprender).

Aunque la *Epopeya de Gilgamesh* está escrita en acadio y probablemente se redactó entre 1600 y 1100 a. e. c., mucho después del fin del dominio sumerio, el texto acadio fusionó varios textos sumerios diferentes, que aún existen, cada uno de los cuales narra un episodio distinto de la historia. Gilgamesh también está atestiguado por inscripciones más prosaicas como una figura histórica. Una inscripción muy temprana afirma: «Gilgamesh es el elegido por Utu [el dios del sol]», y la Inscripción Tummal, que data de alrededor de 1950 a. e. c., le atribuye la reconstrucción de las murallas de Uruk, que tenían casi seis millas de largo.

Uruk fue un centro de culto clave para la diosa Ishtar o Inanna. De hecho, el desarrollo de la ciudad podría haber sido impulsado por su sacerdocio más que por sus reyes. El templo parece haber sido construido antes que los palacios. La relación del rey con los dioses era crucial. Se creía que los dioses elegían al rey, dándole la aprobación divina, pero el rey necesitaba seguir asegurándose el apoyo de los dioses enriqueciendo los templos. A diferencia del antiguo Egipto, el propio rey no era considerado divino, de ahí las luchas de Gilgamesh con la mortalidad.

Uruk era una ciudad considerable. En su apogeo, podría haber tenido hasta 100.000 habitantes, no muy lejos de la población actual de Albany, NY, o Wichita Falls, TX.

Assur, la ciudad que prestó su nombre a los asirios, fue fundada probablemente hacia el 2600 a. e. c., época en la que Uruk ya era una ciudad madura y muy poblada. Durante sus primeros años, Assur fue a veces independiente. Otras veces, estaba sometida a Acad o a Ur.

Assur estaba situada justo en el límite de la zona fértil, donde habría llovido lo suficiente para la agricultura. Aun así, la agricultura alrededor de Assur era marginal, con rendimientos bajos en comparación con el sur. Aquí, la agricultura se alimentaba de la lluvia. En Babilonia, al sur, los ríos suministraban la mayor parte del agua a través de canales de irrigación. Como era difícil cultivar suficiente agricultura para alimentar a los habitantes de Assur, el comercio se convirtió en una preocupación acuciante. El estaño, ingrediente necesario para fabricar bronce, procedía de Asia central, mientras que el cobre llegaba de Anatolia. La plata, que era la principal moneda de Oriente Próximo en aquella época (no el oro), también procedía de Anatolia. A lo largo de la historia de Asiria, asegurar los suministros de madera y metal impulsó las políticas expansionistas. En sus primeros tiempos, Assur se convirtió en un importante centro comercial.

¿Por qué construir una ciudad en una zona menos fértil? La respuesta está probablemente en el hecho de que el emplazamiento controlaba un vado del Tigris, que abría rutas comerciales hacia Siria, Anatolia y Asia central. El emplazamiento también contaba con un enorme afloramiento rocoso sobre el río, lo que lo hacía defendible. En un terreno abierto, sin límites naturales claros, las ciudades estaban expuestas a los ataques de los nómadas que bajaban de las tierras altas, por lo que el escarpado emplazamiento de Assur constituía una ventaja estratégica clave.

Assur era un lugar liminal, el umbral entre la tierra fértil y la tierra árida del oeste, donde los pastores nómadas confiaban en el pastoreo como forma de vida. El corazón de Asiria siempre estuvo al este de Assur, aproximadamente en un triángulo entre las ciudades de Nínive, Arbela y Assur.

El estaño, ingrediente necesario para fabricar bronce, procedía de Asia Central, mientras que el cobre procedía de Anatolia, al igual que la plata, que era la principal moneda de Oriente Próximo en aquella época (no el oro).

Assur estaba situada en una curva cerrada del río Tigris, donde un afloramiento rocoso de cuarenta metros, ahora llamado Qal'at Sherqat se eleva sobre el río. Esta roca era el emplazamiento del templo de Assur, y es probable que en un principio se considerara que la propia roca encarnaba a la deidad. El dios y la ciudad habrían sido una misma cosa para los asirios. En diversas épocas, este templo recibió diferentes nombres en lengua sumeria:

- Eamkurkurra, la casa del toro salvaje de las tierras
- Ehursagkurkurra, la casa de la montaña de las tierras
- Esharra, la casa del universo.

La economía sumeria era un modelo mixto. Los templos controlaban buena parte de la riqueza, al igual que la nobleza, pero también existía una clase media a la que pertenecían muchos de los mercaderes. Existía la esclavitud. La mayoría de los esclavos eran prisioneros de guerra, pero los deudores también podían ser esclavizados por sus acreedores, y algunos padres vendían a sus hijos en tiempos de necesidad. Sin embargo, los esclavos podían comprar su libertad, y cualquier niño que tuviera un padre libre nacía libre.

La monogamia era la práctica habitual a menos que la primera esposa no tuviera hijos. Las esferas masculina y femenina se definieron nítidamente con el tiempo. Es posible que hubiera gobernantes femeninas muy al principio (probablemente sacerdotisas que gobernaban una cultura dirigida por el templo), pero en el periodo posterior, los reyes eran exclusivamente masculinos. Sin embargo, las mujeres podían dirigir sus propios negocios. También podían comprar y vender tierras y esclavos. A menudo eran panaderas, cerveceras y tejedoras.

La realeza «descendió del cielo», como se dice en la Lista Real Sumeria. El rey era el representante de los dioses. Era responsable de «alimentar» a los dioses, proteger a la ciudad contra sus enemigos y establecer la justicia. Las imágenes del rey lo muestran frecuentemente como proveedor, sacrificando a un dios, construyendo un templo, haciendo una libación (vertiendo cerveza en el suelo) u organizando un banquete. (La palabra «banquete», por cierto, es literalmente «derramar cerveza» en sumerio).

También se muestra a los reyes como protectores. Por ejemplo, hay escenas de reyes luchando o matando leones, que se convirtió en una imagen predominante en la zona desde los sumerios hasta el final del Imperio asirio. A menudo se ve al rey triunfante, conduciendo su carro, pasando revista a los prisioneros de guerra o presentando a sus cautivos a los dioses, pero no existe un equivalente a la «escena de la paliza» de la cultura egipcia, que muestra al faraón agarrando a sus enemigos por el pelo y levantando su maza para aplastarles la cabeza.

Los reyes de Sumeria eran llamados a menudo los «amados de Inanna». Sin embargo, los eruditos han discrepado sobre cómo interpretar el concepto de matrimonio sagrado. Los himnos reales de Ur-Namma del periodo neosumerio hacen referencia a una unión sexual entre Inanna y el gobernante. Algunos han sugerido que el rey fue iniciado por una sacerdotisa del templo de Inanna, mientras que otros creen que la imagen era simplemente una metáfora. La escena del rey regando una pequeña palmera en una maceta podría haber sido una sofisticada metáfora del matrimonio sagrado (agua y semen se designan con la misma palabra en sumerio, «a»).

La cultura sumeria estaba muy alfabetizada, no solo en cuanto a saber leer y escribir, sino también en cuanto a la veneración por la palabra escrita. Cada edificio tenía inscrita y enterrada una lápida fundacional. Las palabras eran una forma de magia; era como si escribir algo pudiera hacerlo realidad. Cuando un rey reconstruía un templo, intentaba encontrar las tablillas fundacionales que el primer constructor y los restauradores posteriores habían depositado. Hacía sacrificios, aceitaba las tablillas y luego las colocaba junto a una nueva tablilla que registraba la restauración. Las tablillas eran, en cierto modo, objetos sagrados, que preservaban el linaje de la familia real y la historia del templo.

Existe una gran continuidad entre los sumerios y las civilizaciones que les sucedieron. Sin embargo, también hubo una importante ruptura en la historia, ya que nuevos pueblos que hablaban una lengua diferente llegaron a Mesopotamia y establecieron su propia civilización. Ese es el tema del próximo capítulo.

Capítulo 2: El periodo inicial y el imperio acadio

Alrededor del 2800 a. e. c. o un poco más tarde, empezaron a llegar a Mesopotamia nuevos pueblos. A diferencia de los sumerios, hablaban una lengua semítica, antepasada del árabe moderno. (Los arqueólogos del siglo XIX consideraron muy importante la cuestión racial y contrapusieron Sumeria y las «razas» semíticas de Babilonia y Asiria. De hecho, Mesopotamia parece haber sido una cultura altamente unificada y multilingüe. La lengua sumeria sobrevivió y se utilizó junto a las lenguas semíticas de Babilonia y Asiria. Los textos en lengua sumeria a veces estaban firmados por escribas con nombres acadios. Gran parte de la religión y la organización social sumerias sobrevivieron también en las culturas posteriores).

Aunque los nombres de los reyes de Kish fueron acadios a partir del 2800 a. e. c., el primer gobernante que está bien atestiguado es Sargón el Grande, el primer gobernante del Imperio acadio y el fundador de la dinastía acadia antigua, que gobernó durante un siglo después de su muerte. Sargón (Sharru-ukin en acadio, que significa «el rey se establece») llegó al poder hacia el 2334 a. e. c. y trajo consigo un nuevo concepto de la realeza y del Estado territorial.

Durante este periodo, hubo tensiones entre la idea sumeria de la ciudad-estado, ya que los nuevos conceptos de estados territoriales podían incluir varias ciudades. Las ciudades-estado sumerias a veces se unían y a veces se separaban; sus relaciones eran a menudo fluidas. Sin embargo, Sargón estaba empeñado en la conquista. Los nombres de los años de su reinado muestran la naturaleza de su gobierno. Incluyen «año en el que destruyó Elam» y «año en el que Mari fue destruida».

La capital de Sargón, Acad o Agadé, aún no ha sido identificada. Lo más probable es que estuviera en la zona de Bagdad. El propio Sargón es algo misterioso; incluso su nombre podría ser solo su título como rey y no su nombre de nacimiento o adoptivo. La Lista Real Sumeria dice que era hijo de un jardinero y de un copero del rey Ur-Zababa de Kish. La *Leyenda de Sargón de Acad*, un texto sumerio, dice que cuando Ur-Zababa se enteró de que Sargón había soñado con el favor de la diosa Inanna, intentó que mataran a Sargón. Envió a Sargón donde herrero jefe con un espejo de bronce. Ur-Zababa le dijo al herrero que arrojara tanto el espejo como a Sargón al crisol. Sin embargo, Inanna advirtió a Sargón que entregara el espejo y que no entrara en el taller. Así, Sargón se salvó.

Un texto acadio de alrededor del 2300 a. e. c. (contemporáneo de Sargón) cuenta cómo la madre de Sargón lo metió en una cesta de juncos y lo arrojó al río. Akki, el dibujante del agua, lo encontró y decidió cuidar de él. Sargón era el jardinero de Akki cuando la diosa Ishtar le concedió su amor y se convirtió en rey. (Esto se parece notablemente a la historia de Moisés, aunque no es exactamente igual. Moisés, después de todo, fue criado por la hija del faraón).

En la literatura neoasiria, Sargón aparece como una figura casi legendaria. Tal vez podría compararse con el rey Arturo, que podría haberse basado en un gobernante real, pero que desarrolló toda una narrativa mítica, incluida la Dama del Lago que regala a Arturo una espada, un episodio bastante cercano a la narrativa del favor de Ishtar y que también incluye el agua. Se dice que Arturo fue concebido cuando el rey Uther Pendragon se disfraza de marido de Igraine y se acuesta con ella. Sargón, por su parte, nace de una madre «mutante»; no se sabe nada sobre su padre. Sin embargo, aunque los historiadores en general no creen que Arturo existiera en la realidad, sabemos que Sargón sí.

La historia de Sargón fascinó a los asirios. Algunos gobernantes asirios incluso adoptaron los nombres acadios de Sargón y Naram-sin (nieto de Sargón), con la esperanza de emular los logros de la dinastía sargónida.

Sargón era un genio militar, pero también un hábil administrador. Utilizó arqueros y tropas ligeras en lugar de infantería pesada. A diferencia de los estados sumerios, mantuvo un ejército permanente en lugar de levantar levas cuando era necesario. Tomó Uruk y Mari, conquistó Ur y Umma e hizo incursiones en Elam. Bajo Sargón, Sumeria se unificó en un solo estado. Conquistó tierras en el Levante hasta el norte del Líbano, lo que significó que el Imperio acadio se extendía desde el Mediterráneo hasta el golfo Pérsico. También hizo del acadio la lengua oficial.

Las inscripciones de Sargón y las de sus hijos, Rimush y Manishtushu, sobreviven, aunque solo en forma de copias realizadas algunos siglos después. Se lo conocía como «Sargón, rey de Acad, supervisor de Inanna, rey de Kish, ungido de Anu, rey de la tierra [Mesopotamia], gobernador [ensi] de Enlil». Sargón se jactaba de que 5.400 hombres comían pan diariamente ante él como miembros de su casa. Este era su equipo administrativo y militar.

Con Sargón, la idea de ser rey cambió. Los reyes sumerios se representaban a sí mismos como *primus inter pares*, «primeros entre iguales». Gudea, soberano de Lagash, por ejemplo, hizo muchas estatuas de sí mismo de tamaño casi natural, pero aparece como un hombre corriente vestido con una túnica. Sus inscripciones no hablan de sus victorias. En cambio, detallan sus actos piadosos. Sargón, en cambio, destaca en sus inscripciones su agresividad y su destreza militar. Se distinguía de los demás hombres. Sin duda se veía a sí mismo como el primero de una línea de gobernantes heroicos.

La Máscara de Sargón, que ahora se cree que representa a Naram-Sin de Acad'

Manishtushu, hijo de Sargón, fue sucedido por Naram-Sin de Acad. Gobernó entre 2254 y 2218. Naram-Sin parece haber centralizado la administración, aumentando el control real de las diversas ciudades-estado. Sin embargo, esto desencadenó un gran levantamiento. Los gobernantes de Kish y Uruk encabezaron la revuelta, junto con otras muchas ciudades-estado. Entonces, los guti de la región montañosa al este de Mesopotamia invadieron, conquistando brevemente toda Sumeria. Al parecer, Naram-Sin sofocó las primeras rebeliones, pero más adelante, en su reinado, perdió el control de gran parte del imperio.

Shar-Kali-Sharri, hijo de Naram-Sin, tomó el control de Acad, pero el hecho de que no utilizara el título de «rey de los cuatro confines» como sus predecesores sugiere que se dio cuenta de que su dominio era mucho menos extenso que el de su padre. Puede que fuera el último rey acadio que controlara algo más que la ciudad de Acad.

En 2193, los guti invadieron de nuevo. No se sabe mucho sobre los guti, pero sumieron a Acad en el caos. La Lista Real Sumeria describe este periodo con la pregunta: «Entonces, ¿quién fue rey? ¿Quién no fue rey?». Hubo varios rivales que ocuparon el trono durante breves periodos. En 2189, la dinastía fue restablecida bajo Dudu, que probablemente era hijo de Shar-Kali-Sharri. El hijo de Dudu, Shu-turul (c. 2168-2154), fue el último rey de Acad. Después de esto, Uruk recuperó la preeminencia.

El Imperio acadio de Sargón duró menos de doscientos años. Esto dio lugar a la idea de la «Maldición de Acad». Una composición literaria sumeria llamada *El ceño de Enlil* afirmaba que Acad había caído en desgracia porque sus últimos reyes faltaron al respeto a los dioses. Fuera como fuese, el Imperio acadio mantuvo su dominio sobre la imaginación y las ambiciones de los reyes posteriores. Por ejemplo, Ur-Nammu, que fundó el Imperio neosumerio, se llamó a sí mismo «rey de Sumeria y de Acad». Los reyes asirios también utilizaron el título cuando controlaban Babilonia.

Tras la caída de Acad y después de algunos años de dominio guti, varias ciudades sumerias pudieron reafirmar su independencia, entre ellas Ur, Uruk, Lagash y Umma.

Gudea de Lagash, que gobernó entre 2080 y 2060 a. e. c., podría haber sido el impulsor de este movimiento. Reivindicó varias conquistas, pero la mayoría de sus inscripciones registran la creación de canales de irrigación y templos. Esto representa un retorno al estilo sumerio de realeza más que al imperialismo militar de los gobernantes acadios.

Bajo Gudea, Lagash comerciaba con Omán, el norte de Arabia, Líbano, el Sinaí e incluso la India. Su título era *ensi*, jefe de la ciudad o gobernador, en lugar de *lugal* (sumerio) o *sharrum* (asirio), o rey. Gudea es bastante conocido por las muchas estatuas que mandó hacer de sí mismo. A menudo se lo muestra con los bocetos del plano de un templo en su regazo. Gobernó durante dos décadas y posteriormente fue deificado.

Gudea de Lagash, estatua del Louvre. Observe la escritura en su delantal. Por cierto, esta es la única imagen de un gobernante en este libro que muestra a un hombre sin barba. Tanto los acadios como los asirios llevaban el pelo largo y barba. Algunos sumerios también eran barbudos. Puede ser que Gudea tuviera que afeitarse la barba y la cabeza porque era sacerdote y necesitaba estar en un estado de pureza ritual[6]

Otro gobernante importante, Ur-Nammu, llegó al poder en Ur en una época poco anterior al reinado de Gudea en Lagash. Probablemente gobernó de 2212 a 2094 y fundó la tercera dinastía de Ur, que a veces también se conoce como Imperio neosumerio. Ur salió airosa de una crucial lucha de poder tras la invasión Guti y extendió su dominio más al norte.

Derrotó a Lagash y Uruk y fue coronado en Nippur. Con el tiempo llegó a gobernar Eridu y Susa. Fue un constructor de estados, pero también de zigurats, creando el gran Zigurat de Ur. También creó un código de leyes, el Código de Ur-Nammu, que es el primer código unitario conocido, y estandarizó pesos y medidas[i]. Pero a diferencia de los acadios, no estaba especialmente interesado en conquistar el norte de Mesopotamia. Prefirió la diplomacia para que ciudades como Nínive, Mari y Ebla siguieran siendo independientes, pero amistosas con Ur.

Un juego de pesas del reinado de Salmanasar V[i]

---

[i] En Nimrud se encontró un conjunto de dieciséis pesas diferentes de la época de Salmanasar V. Todas eran leones rugientes que podían ser levantados por sus colas curvadas.

Al igual que Gudea, Ur-Nammu hizo hincapié en las obras civiles en sus inscripciones. El drenaje de los pantanos fue un aspecto particularmente importante de su trabajo, creando más tierras de cultivo y más ricas para alimentar a una población creciente. Para entonces, Ur contaba con 200.000 habitantes.

El Imperio neosumerio también incluía a Assur. Varios documentos de Ur mencionan a individuos con nombres que incluyen Assur, por lo que es evidente que no se trataba de un estado étnico sumerio, sino que incluía a personas de origen acadio y asirio.

Ur-Nammu fue sucedido como gobernante de Ur por **Shulgi** (2094-2046), que normalizó no solo el calendario, sino también el sistema tributario y la administración. Capturó Susa, la capital de Elam (Irán occidental), que había sido durante mucho tiempo un potente enemigo de las potencias mesopotámicas. Ur-Nammu creó un gran imperio, que se extendía desde la actual Turquía hasta el golfo Pérsico. Sin embargo, bajo los tres sucesores de Shulgi, el territorio retrocedió. Los elamitas invadieron, saquearon Ur en 2004 e hicieron cautivo al rey Ibbi-Sin.

La destrucción de ciudades fue una característica perpetua de la historia de Oriente Próximo. En cierto modo, el saqueo de Ur fue el fin de Sumeria, que fue rápidamente absorbida por Babilonia. Sin embargo, la lengua sumeria permaneció, como lo hizo el latín tras el fin del Imperio romano.

No obstante, los elamitas solo duraron un par de décadas en Mesopotamia. Había otras fuerzas en juego, tanto en Babilonia, al sur, como en Assur.

Capítulo 3: El antiguo Imperio asirio y Babilonia

Los primeros reyes de Assur atestiguados surgieron alrededor del año 2025 a. e. c. Estos reyes del periodo antiguo de Asiria aprovecharon la creciente precariedad de Ur para establecer su propio reino. Assur (el dios) dio su nombre a la ciudad, que, a su vez, dio su nombre al pueblo asirio y a la nación asiria (que incluía a muchas personas que no eran de etnia asiria).

Las listas de reyes asirios incluyen a cerca de treinta gobernantes que, por lo demás, no están atestiguados; nada de ellos sobrevive, salvo su nombre. Entre ellos se encuentra Ushpia, de quien se dice que construyó el templo de Assur a finales del III milenio a. e. c. La lista de reyes incluye «reyes que vivían en tiendas» y «reyes antepasados», pero parece probable que se añadieran a la lista más tarde, posiblemente durante el gobierno de Shamsi-Adad I para incorporar a sus antepasados amorreos.

Assur debió de tener gobernadores bajo el dominio de Ur, y es probable que estos gobernadores simplemente reclamaran su independencia después de que Ur cayera en manos de Elam y se convirtieran en reyes. Posiblemente el primero fue Sulili, que podría ser el Ilaba-siululi mencionado como gobernador de Assur en un texto de Ur. Su sello es interesante, ya que presenta el lema «Assur es rey». Esto muestra una concepción teocrática de la realeza, con el gobernante actuando como administrador del dios.

No se trataba de una monarquía divina, como los faraones del antiguo Egipto, que eran vistos como encarnaciones del dios Horus (cuando estaban vivos) o de Osiris (después de la muerte). En cambio, era una monarquía ordenada por el dios Assur. En los primeros tiempos de Assur, la monarquía probablemente era una forma de lo que ahora llamamos monarquía constitucional, en la que el líder hereditario gobernaba junto con una asamblea popular. Estos reyes se llamaban a sí mismos supervisores, príncipes o mayordomos.

La asamblea de la ciudad (*alum*) podía incluir a todos los hombres adultos libres o estar formada principalmente por nobles[i]. Ot se reunía cerca de la Puerta Escalonada, junto a la que se levantó una estela en la que se detallaban las leyes de la ciudad, incluidas las comerciales. El ayuntamiento (*bet alim*) se encargaba de la tesorería; no fue hasta más tarde en la historia de Assur que el rey se convirtió en el jefe del ayuntamiento (un cargo conocido como *limmum*). Los años en Assur llevaban el nombre del *limmum*, no del rey, a diferencia de las sociedades del sur de Mesopotamia.

La primera línea de reyes que puede verificarse es la dinastía Puzur-Assur o antigua dinastía asiria. El estilo de la realeza no era quizá muy diferente de lo que ocurría en Babilonia; sin embargo, el sacerdocio en Assur no era ni mucho menos tan fuerte como en Babilonia. El rey de Assur (la ciudad) actuaba efectivamente como sumo sacerdote de Assur (el dios).

Puzur-Assur reclamó la independencia de Asiria hacia 2025 a. e. c., aunque es posible que continuara el linaje de gobernantes anteriores. La sucesión fue entonces ininterrumpida de hijo a hijo durante ocho generaciones, convirtiéndose cada uno de ellos en Ishiak Assur, o virrey de Assur. Bajo el hijo de Puzur-Assur, Shalim-ahum, la red comercial de Assur aumentó enormemente, y bajo Erishum I (nieto de Shalim-ahum), comenzó el sistema *karum* de enclaves comerciales en las ciudades de Anatolia.

Una tablilla de Kanesh, uno de estos enclaves, contiene la invocación: «¡Assur es rey! ¡Erishum es el mayordomo de Assur! A quien diga una mentira en la Puerta Escalonada, el demonio de las ruinas le aplastará la cabeza como a una vasija que se rompe»[ii].

---

[i] Solo alrededor del 50 % de los hombres eran libres; el resto eran esclavos o esclavos por deudas.

[ii] Frahm, Eckart. *Assyria: The Rise and Fall of the World's First Empire*. Basic Books,

Había puestos comerciales *karum* en Kanesh, Hattusha y Ankuwa, entre otras ciudades, donde los mercaderes asirios comerciaban con textiles, estaño, hierro, cobre, lana, grano, oro y plata. Estos *karum* no estaban gobernados por Asiria, sino que los mercaderes asirios gozaban de derechos especiales en cada ciudad y gobernaban su propio enclave extraterritorial. Los gobernantes locales tenían un incentivo para establecer un *karum*, ya que se beneficiaban del comercio y disfrutaban de un acceso privilegiado a bienes escasos.

Sin embargo, no todas las ciudades aceptaron el sistema. Una carta encontrada en Kanesh sugiere a los comerciantes que se dirigen al *karum* que escondan estaño en su ropa interior para evitar pagar peajes por estas mercancías en una ciudad menos amistosa en ruta[i].

Los asirios que comerciaban y vivían lejos de Assur podían tomar una esposa en el lugar donde vivían. Su esposa en Assur era considerada la esposa principal, mientras que la otra era vista como un arreglo temporal. Una esposa secundaria probablemente vería el matrimonio como beneficioso. Disfrutaría de un buen estilo de vida mientras su marido estuviera allí, y cuando él regresara a Assur, ella obtendría un divorcio amistoso, conservando la casa y recibiendo un buen pago. También podría volver a casarse. Se trata de una intrigante adaptación de las costumbres generalmente monógamas de los asirios.

Las mujeres tenían una posición menos privilegiada en la sociedad asiria que en Sumeria o Babilonia. Las mujeres de alta cuna llevaban velo y sus contactos estaban muy controlados. El adulterio se castigaba con la muerte (aunque esto era imparcial para ambas partes; no existía un doble estándar). Las mujeres dependían de sus relaciones masculinas.

Durante la última parte de la dinastía Puzur-Assur, Asiria se vio sometida a una creciente presión por parte de los amorreos, que ya habían invadido el sur de Mesopotamia. Erishum II fue depuesto y el trono fue ocupado por **Shamshi-Adad I**.

No se sabe con exactitud quién era Shamshi-Adad. Podría haber sido un usurpador amorreo, pero la lista de reyes afirma que pertenecía a la casa real de Assur, descendiente de Ushpia. En ese caso, podría haber sido un primo u otro pariente de la casa real que tomó el poder después

---

Nueva York, 2023.

[i] Frahm, Eckart. *Assyria: The Rise and Fall of the World's First Empire*. Basic Books, Nueva York, 2023.

de que Erishum se mostrara incapaz de resistir la amenaza amorrea. Por otra parte, la mención de la casa de Ushpia podría ser un intento posterior de «legitimar» a Shamshi-Adad y dar a los monarcas asirios un linaje completamente ininterrumpido desde los primeros tiempos. También es posible que Shamshi-Adad fuera miembro de la misma familia extensa que Hammurabi, otro gobernante expansionista de la época.

Sea como fuere, Shamshi-Adad reclamó el título de «rey del universo» y «unificador de la tierra entre los dos ríos». Su gobierno fue claramente expansionista. Por ejemplo, tomó la ciudad de Mari hacia el oeste. Assur era el centro religioso de su reino. Reconstruyó el templo del dios en Assur y añadió un zigurat. También parece haber sido el primer rey en construir un palacio en Assur. Sin embargo, su capital era Shubat-Enlil, en el noreste de Siria, que estaba situada en una región mucho más fértil.

Como sugiere el nombre de Shubat-Enlil («residencia de Enlil»), el dios al que Shamshi-Adad rendía especial culto no era Assur, sino Enlil, el dios de la tormenta y creador sumerio. Debió de ser por esta época cuando Enlil se identificó con Assur. Mientras que Assur había sido originalmente un dios único sin familia, esta identificación con Enlil le dio una esposa, la esposa de Enlil, Ninlil (Mullissu), y un hijo, Ninurta. El panteón asirio crecía.

Shamshi-Adad reinó durante treinta y tres años y una de las cosas que sabemos de él es que exigía que se mantuviera una buena reserva de cerveza para el palacio. Probablemente, esto no se debía únicamente a que le gustaran uno o dos tragos. La cerveza se utilizaba en los rituales del templo. De hecho, todo el proceso de elaboración de la cerveza era un ritual. La importancia de asegurarse de que la cerveza se elaboraba correctamente puede verse por el hecho de que el Código de Hammurabi de Babilonia exigía la pena de muerte para los culpables de aguar la cerveza que elaboraban o vendían.

Elaboración de la cerveza asiria

Esta receta se basa en el Himno a Ninkasi, un texto sumerio de alrededor de 1800 a. e. c. que describe realmente el proceso de elaboración de la cerveza por parte de la diosa.

El primer día, el grano de trigo se pone a remojo en agua. El segundo día, se escurre el trigo, se pone en un cuenco y se tapa. Se deja hasta que empiece a brotar. Ese mismo día se empieza a hacer el *bappir* o pan de cerveza. Se mezclan levadura, harina de cebada y agua y se deja la mezcla en un cuenco tapado durante dos días.

Al cuarto día, el *bappir* se hornea durante diez minutos hasta que solo se cuece la corteza, dejando crudo el interior del pan. El trigo también se cuece (hoy diríamos «se maltea») en el mismo horno, pero durante más tiempo.

Al día siguiente, el trigo se machaca en un mortero y el *bappir* se rompe en pedazos y se pone en una olla con agua. Se le añaden dátiles y levadura (es posible que los sumerios recurrieran a levaduras salvajes). Después se tapa la olla y se deja fermentar durante dos días. En las altas temperaturas de Mesopotamia, la fermentación se habría producido fácilmente. Por último, se filtra la cerveza.

Los sumerios habrían elaborado cerveza a gran escala, pero probablemente sea mejor que pruebe con un par de cuartos. Necesitará media taza de trigo, taza y media de harina de cebada, media taza de dátiles picados, media taza de miel, un par de cucharadas de levadura seca y dos cuartos de agua.

Fue una época en la que la formación de estados se estaba produciendo en varios centros diferentes. Kanesh se convirtió en una potencia de Anatolia y acabó transformándose en el centro del Imperio hitita, mientras que Asiria comenzó a expandirse más allá del Tigris hasta los montes Zagros.

Shamsi-Adad compartió el poder con sus dos hijos. Ishme-Dagan fue nombrado virrey de Ekallatum, al norte de Assur, mientras que a Iasmakh-Adad se le dio Mari. Sin embargo, Iasmakh-Adad era incompetente y a menudo se emborrachaba, al menos si hemos de creer las cartas que su padre le dirigía. En una carta a Iasmakh-Adad que se encontró en Mari, Shamsi-Adad comparaba la destreza militar de Ishme-Dagan con la forma en que Iasmakh-Adad holgazaneaba con las mujeres. El mensaje era claro: ¡dale un giro a tu vida!

Shamsi-Adad murió en 1776 a. e. c., en un momento en que Asiria estaba siendo atacada. Iasmakh-Adad había hecho oídos sordos a los consejos de su padre, ya que Mari se perdió pocos años después de la muerte de Shamsi-Adad. Pero Ishme-Dagan estaba hecho de una pasta más dura. Creó una empresa conjunta con Dadusha, rey de Eshnunna, que se encontraba más al sur. Con este apoyo pudo conquistar las ciudades de Nínive y Arbela. Dadusha se llevó el botín, mientras que Ishme-Dagan consolidó Nínive en el corazón de Asiria. Esta fue la primera vez que el núcleo del Imperio asirio estuvo unido.

Sin embargo, las victorias de Ishme-Dagan no duraron. Tal vez el rey de Eshnunna se dio cuenta de que Ishme-Dagan había sacado lo mejor del trato. Cualquiera que fuera la razón, Eshnunna se convirtió en un enemigo implacable. Su pueblo atacó a Ishme-Dagan en Assur y lo condujo al exilio en Babilonia.

La casa de Shamsi-Adad fracasó después de cinco monarcas. Puzur-Sin subió al poder. Este rey se presentó a sí mismo como el retorno a la «verdadera» línea de Asiria, destruyendo el «mal» de sus predecesores. Sin embargo, en la época de Salmanasar I, en el Imperio asirio medio, se consideraba a Shamsi-Adad como un verdadero rey asirio y a Puzur-Sin como el usurpador.

En este momento de la historia de Mesopotamia, una nueva potencia entró en escena. Los amorreos habían emigrado a Asiria y al sur, llevando consigo su lengua semítica, el acadio. Además de apoderarse de Ur y Lagash, una dinastía amorrea se apoderó de la hasta entonces poco importante ciudad de Babilonia. El primer rey de Babilonia fue Sumu-Abum, que reinó entre 1894 y 1881 a. e. c. aproximadamente. Le siguió Sumu-la-El, que conquistó la ciudad de Kish.

El quinto rey, Sin-Muballit, fue el primero en declararse rey de Babilonia y amplió su territorio tomando las ciudades de Isin, Borsippa y Sippar. Sin embargo, fue su hijo Hammurabi quien convirtió a Babilonia en una gran potencia, ya que se apoderó de la mayor parte del sur de Mesopotamia.

Hammurabi subió al trono hacia 1792 a. e. c. cuando su padre aún vivía; Sin-Muballit había abdicado debido a su mala salud. Hammurabi comenzó su reinado con un programa de obras públicas, que incluía ampliaciones de los templos y la mejora de las murallas de la ciudad. Sin embargo, el avance de los elamitas hacia las llanuras, tomando Eshnunna y otras ciudades, obligó a Hammurabi a tomar una parte más activa en los asuntos militares de la región. Aliándose con Larsa, pudo hacer huir a los elamitas.

Sin embargo, las relaciones con Larsa se agriaron. Hammurabi tomó esa ciudad, Eshnunna, y otras ciudades del norte, incluida Mari. Esto le dio el control de toda la parte sur de Mesopotamia, enfrentándolo a

Assur en el norte. (Su destrucción del palacio de Mari en 1759 a. e. c. fue un regalo del cielo para los arqueólogos posteriores, ya que dejó tras de sí un enorme número de tablillas de arcilla bien cocidas y fáciles de datar. Este archivo incluía listas de la compra, documentos fiscales, casos legales y cartas personales).

Al principio, Ishme-Dagan de Assur se alió con Hammurabi. Assur era débil en ese momento, e Ishme-Dagan podría haber visto a Babilonia, una potencia en ascenso, como un protector contra los siempre amenazantes elamitas. Sin embargo, esta incómoda alianza no se mantuvo y, finalmente, Hammurabi tomó tanto Assur como Nínive. Ishme-Dagan I parece que se vio obligado a vivir en Babilonia como rey cliente. Su sucesor, Mut-Ashkur, se vio obligado a pagar tributo a Hammurabi.

La creación de este superestado babilónico llevó a Hammurabi veinte años, al final de los cuales tuvo verdadero derecho a llamarse a sí mismo «rey de Sumeria y Acad».

Como rey, Hammurabi tenía tres tareas: construir, lo que hizo; proteger militarmente al Estado, lo que hizo, y preservar la justicia. Esto último lo hizo promulgando el Código de Hammurabi, conocido por la estela que se encuentra ahora en el Louvre de París, Francia. La parte superior de la estela muestra a Hammurabi recibiendo el código del dios Shamash, y la inscripción afirma que la ley estaba destinada a proteger a los débiles, los huérfanos y las viudas. En un imperio en el que el poder militar se consideraba a menudo lo correcto, la ley ofrecía un recurso a los que carecían de poder.

Ya antes se habían escrito códigos de leyes. Sin embargo, por primera vez, la ley estaba escrita en acadio, no en sumerio. Cubría una amplia gama de áreas; por ejemplo, hablaba de las garantías en la venta de esclavos, dando a los compradores una forma de protección al consumidor. Especificaba las tarifas salariales para los artesanos y los trabajadores estacionales y las tarifas de alquiler de los barcos. El código cubría el derecho de familia, la herencia, el título de propiedad y el proceso legal. Se establecían normas para las indemnizaciones en caso de allanamiento de ganado (este era evidentemente un problema frecuente), y se indemnizaba a los comerciantes si los agentes comerciales perdían su dinero en efectivo. La lectura del código legal da una buena idea de cómo estaba estructurada la sociedad y de lo desarrollada que había llegado a estar la economía babilónica.

La estela en la que está escrito el Código de Hammurabi[7]

El III milenio a. e. c. fue un periodo de experimentación, en el que el poder pasaba de una ciudad a otra. Pero Shamsi-Adad y Hammurabi crearon una nueva idea, la de la ciudad territorial, pasando de la ciudad-estado a un estado que incluía varias ciudades. Al mismo tiempo, la idea original de un líder cívico hereditario que gobernaba con un consejo fue sustituida por un ideal monárquico: el rey que gobernaba en glorioso aislamiento como líder militar y legislador. Esa idea resultaría ser muy influyente.

Hammurabi creía que había traído la paz a Mesopotamia. Murió hacia 1750 a. e. c., todavía creyéndolo. Sin embargo, la paz no perduró mucho tiempo tras la llegada de su hijo, Samsu-iluna. El reino de Sumeria y Acad empezó a desmoronarse. Puzur-Sin reclamó Assur y, en el sur, se liberó la dinastía Sealand, que se remontaba a la época sumeria utilizando nombres de reyes pseudosumerios, aunque hablaban acadio.

Aun así, a partir del reinado de Hammurabi, Asiria estuvo muy influida por las tendencias y los acontecimientos de Babilonia. Babilonia y Asiria fueron dos imperios separados, aunque relacionados, pero a veces puede resultar difícil desentrañar sus dos historias.

Cronologías de Oriente Medio

Dado que existen pocas fuentes definitivas para las fechas en la parte más temprana de la historia mesopotámica, los historiadores tienen que basar sus dataciones en la cronología relativa. La dendrocronología, la datación por radiocarbono y los registros astronómicos no han conseguido fijar las fechas con la suficiente precisión como para tener certeza.

Una fuente clave para la cronología es la Tablilla de Venus de Ammisaduqa. Este texto cuneiforme data de mediados del siglo XVII a. e. c. y da la hora de salida y puesta de Venus en fechas lunares de más de veintiún años. Sin embargo, dado que la visibilidad de Venus varía en un ciclo de ocho años, el inicio de las observaciones anotadas en la tablilla podría haber tenido lugar en 1702, 1646, 1638, 1582 o 1550 a. e. c. Los sistemas de datación basados en estas fechas se denominan cronologías larga, media, media baja, corta y ultracorta.

Para periodos posteriores, se pueden utilizar comparaciones con las fechas de los faraones egipcios y las fechas de observación lunar para obtener una datación absoluta. Por ejemplo, Ramsés II subió al trono en 1279 a. e. c., lo que nos da una fecha firme con la que trabajar.

En 1595 a. e. c., Babilonia estaba gobernada por el tataranieto de Hammurabi, Samsu-Ditana. El reino se había reducido, pero seguía siendo bastante grande, incluyendo incluso la ciudad de Mari. Sin embargo, Sealand amenazaba continuamente a los babilonios desde el sur.

Pero los acontecimientos ocurridos mucho más al norte, en la capital hitita de Hattusha (cerca de la moderna Ankara), fueron los responsables del fin de Babilonia. Mursili I conquistó Alepo en Siria, un premio que había eludido su predecesor. Decidió que Babilonia, que estaba a más de quinientas millas al sur, sería su próximo objetivo. Mursili se abrió camino por el Éufrates, saqueando ciudades a su paso. Los bienes y los cautivos fueron enviados de vuelta a Hattusha, lo que provocó una despoblación masiva. Tal vez al darse cuenta de que sería difícil mantener unido un estado que se extendía tan al sur, Mursili decidió no quedarse, limitándose a llevarse consigo su botín. Pero ya era demasiado tarde para Babilonia. Había puesto fin al dominio de Samsu-Ditana, y Babilonia quedó abandonada durante algunos años.

(Como nota al margen, Mursili podría haber cometido un error al regresar a Hattusha, ya que fue asesinado poco después de su regreso debido a las luchas internas de la familia real hitita).

No fue hasta el 1530 a. e. c. cuando Burna-Buriash I, un casita, pudo hacerse con el control de Babilonia y volver a poner en marcha la ciudad. Su hijo, Ulamburiash, conquistó Sealand, devolviendo a Babilonia el control del sur. Por esta época, Babilonia adoptó a Marduk como su dios patrón, una decisión que fue crucial para la posterior religión e ideología babilónicas. La nueva dinastía casita gobernó Babilonia durante los quinientos años siguientes.

La mayoría de las fuentes históricas de este periodo son de carácter comercial y privado. En la estación comercial de Kanesh se ha encontrado un gran número de registros, facturas, pagarés y cartas de un mercader a otro. En la casa del mercader Usur-sha-Ishtar se encontraron más de dos mil documentos distintos. Por otra parte, para los primeros reyes de Asiria, las fuentes son muy limitadas, lo que contrasta fuertemente con el Imperio neoasirio, donde una proporción muy elevada de los documentos existentes proceden de posesiones reales y se centran en el rey.

Capítulo 4: Restauración y caída ante los mitani

Babilonia había sido destruida y Assur había caído. Asiria entró en una edad oscura que duró varios siglos. Aunque existe una lista de reyes de la época, hay pocas pruebas históricas sobre lo que ocurrió en Asiria.

Durante este periodo, Asiria siguió cambiando, alejándose cada vez más del estatus de ciudad-estado. Se convirtió más bien en una entidad mayor gobernada por gobernantes hereditarios. Sin embargo, seguir los detalles de este cambio es extraordinariamente difícil, debido a la falta de inscripciones e incluso de datos arqueológicos. Uno de los resultados de esta laguna en los datos es que el libro tendrá que avanzar un par de siglos.

Después de Ishme-Dagan y Mut-Ashkur, que no figura en algunas versiones de la lista de reyes, parece que hubo reinados bastante cortos de ocho reyes diferentes, que duraron de 1765 a 1745. Sin embargo, también es posible que algunos de los nombres sean los de *limmum* que dieron nombre a los años del reinado de otro rey. El último de estos reyes fue Adasi, cuyo hijo, Bel-bani, le sucedió como rey, fundando la dinastía adasida.

Es posible que el pueblo de Asiria no considerara este periodo como una edad oscura. También es posible que la falta de información se deba simplemente a que los arqueólogos no han excavado una fuente de documentación para este periodo que pueda aportar suficiente información. Sin embargo, los historiadores tienden a pensar que fue una edad oscura porque Asiria no participó en los acontecimientos que se produjeron en Oriente Próximo durante este periodo. Los acontecimientos al oeste y al norte de Assur tendrían el mayor impacto en Mesopotamia durante los siglos siguientes.

Por una vez, había que contar con los hititas. Mursili había circunvalado Assur en su camino hacia Babilonia, pero los hititas ya habían destruido el sistema comercial de Asiria. El rey hitita Zuzzu destruyó Kanesh hacia 1710 a. e. c., y el resto del sistema no sobrevivió mucho tiempo. Y aunque el éxito de los hititas no duró, impulsó a otro grupo étnico, los hurritas, a crear su propio estado.

Había una serie de pequeños principados hurritas agrupados en el noroeste de Siria y más al este, en las montañas de las cabeceras del Tigris y el Éufrates. Estos estados empezaron a fusionarse en lo que se convertiría en Mitani (Hanigalbat en asirio). Mitani se estableció alrededor del 1600 a. e. c. y se hizo cada vez más poderosa en Mesopotamia.

Al mismo tiempo, Egipto se convirtió en una potencia expansionista y, por primera vez, miraba más allá del valle del Nilo. Esto hizo que Egipto y Mitani entraran en contacto, y parece que disfrutaron de excelentes relaciones diplomáticas, llegando incluso a formar un pacto contra los hititas.

Tutmosis I se convirtió en faraón hacia 1506 y, a principios de su reinado, realizó una expedición al norte, a Siria. Se abrió camino hasta el Éufrates y levantó una estela a orillas del río. (El Éufrates confundía a los egipcios, que, viviendo en el Nilo, nunca habían visto un río que fluyera de norte a sur. Llamaban al Éufrates el «río del revés»). Sin embargo, esta fue puramente una misión punitiva a corto plazo, ya que Tutmosis no expandió el reino egipcio hacia el Levante de forma permanente.

Más tarde, durante la dinastía XVIII de Egipto, Tutmosis III, nieto de Tutmosis I (r. 1479-1425 a. e. c.), dirigió otra campaña en Siria y luego copió el ejemplo de su abuelo, dirigiéndose hacia el sur para alcanzar el Éufrates. Al igual que Tutmosis I, erigió allí una estela. Sus principales objetivos fueron el renaciente Imperio hitita y los mitani, a los que saqueó a fondo.

Tutmosis III cambió el equilibrio de poder. Egipto era ahora una fuerza en Oriente Próximo, no solo en el valle del Nilo, y Tutmosis III recibió tributos de Asiria y Babilonia, así como de los hititas. El rey asirio que le pagó tributo no se nombra en las por lo demás prolíficas inscripciones de Tutmosis, pero probablemente fue Assur-nadin-akhkhe I. Inevitablemente, la presencia tanto de Mitani como de Egipto presionó a Asiria, cuyas fronteras septentrionales estaban en peligro.

Pocos de estos acontecimientos históricos aparecen en el registro asirio. Asiria parece haber sido una especie de remanso, aunque la dinastía adasida continuó gobernando y construyendo. Entre 1563 y 1548, por ejemplo, Shamshi-Adad III reconstruyó los templos y la muralla de la ciudad de Assur. Su sucesor, Assur-nirari I, construyó un nuevo palacio en Assur, y su hijo, Puzur-Assur III, aumentó el tamaño de la ciudad, añadiendo un gran suburbio al sur. También se dice que Puzur-Assur hizo un tratado con el rey Burna-Buriash de Babilonia, aunque la única prueba de ello procede de una fecha muy posterior.

Sin embargo, la amenaza de Mitani continuó y, en 1465, la ciudad de Assur fue saqueada. El rey de Mitani, Shaushtatar, se llevó una puerta de plata y oro de la ciudadela, que fue llevada de vuelta a Assur muchos años después, así como otros robos y cautivos. Afortunadamente para Assur, al igual que los hititas, los mitani no tenían ningún deseo de hacer de Asiria una parte permanente de su territorio. Cuando los mitani empezaron a flaquear, Asiria estuvo dispuesta a recoger los pedazos, creando el Imperio asirio medio, tema de nuestro próximo capítulo.

Capítulo 5: El Imperio asirio medio

Ashur-uballit I tomó el poder en Asiria justo cuando los mitani estaban perdiendo influencia. Los mitani estaban inmersos en una guerra civil. Tushratta, el rey de Mitani, y un rival, Artatama, luchaban por el control. Tushratta fue finalmente asesinado, y el Imperio mitani fue inestable durante algún tiempo después, dando a Ashur-uballit su oportunidad de restablecer Asiria como una potencia importante. Parece que el padre de Ashur-uballit, Eriba-Adad, pudo haber aprovechado esta inestabilidad enfrentándose a distintos bandos para crear una facción proasiria en Mitani. Ashur-uballit fue un paso más allá, derrotando a Mitani y asegurándose el tributo de su rey.

Ashur-uballit («Assur-queda-vivo») también expandió Asiria hacia el sur. Al final de su reinado, Asiria gobernaba Nínive y probablemente también Arbela. Estos estados eran agrícolamente más ricos que Assur, y la comunicación a través del río Tigris era más fácil. Ashur-uballit también destruyó la ciudad hurrita de Arrapha (probablemente la moderna Kirkuk en el noreste de Irak) y dividió sus territorios con Babilonia.

Ashur-uballit fue el primer gobernante asirio que utilizó el título de rey. Anteriormente, los gobernantes afirmaban que «Assur es rey y yo soy el representante de Assur». Ashur-uballit I, en cambio, utilizó el título *shar mat Ashur*, «rey de Assur», en lugar de *issi'ak Ashur*, «gobernador de Assur». Claramente, había habido un cambio en las expectativas de lo que era un rey. También había habido un cambio en la visión de lo que debía ser Asiria. Ya no se la veía como un pequeño estado basado en una sola ciudad, sino como una gran potencia.

Ashur-uballit mantuvo correspondencia con el faraón Akenatón. Esta correspondencia sobrevivió en la capital de Akenatón, junto con otra correspondencia diplomática escrita en acadio, que era la lengua diplomática de la época. A principios de su reinado, Ashur-uballit envió un trozo de lapislázuli, un carro y dos caballos con su primera carta. Envió dos carros, más lapislázuli y una petición de veinte talentos de oro con su segunda carta. Estaba construyendo un nuevo palacio, decía, y quería que Akenatón enviara oro suficiente para decorarlo. Ninguna de las dos cartas parece haber sido escrita con gran elegancia o mucho tacto.

Lo que es particularmente interesante es que Ashur-uballit firmó su carta no solo como «rey», sino como «gran rey». Al hacerlo, se ponía al mismo nivel que los grandes: Egipto, Babilonia, los hititas y los mitani.

Ashur-uballit también mantuvo buenas relaciones con Babilonia. Con los mitani siendo todavía una amenaza potencial en las fronteras del norte, tenía sentido mantener lazos diplomáticos con el sur. Casó a su hija, Muballitat-Sherua, con Burna-Buriash II de Babilonia. Su hijo Karahardash se convirtió en rey de Babilonia. Evidentemente, el objetivo de Ashur-uballit era unir a los dos estados de Assur y Babilonia en una misma familia y quizás incluso bajo el mismo gobierno.

Sin embargo, las cosas no salieron como él había planeado. Los acontecimientos dieron un giro inesperado. Karahardash fue ejecutado por una facción antiasiria, que lo sustituyó en el trono por Nazibugash, que no pertenecía a la realeza. Sin embargo, los babilonios que no querían a un asirio en el trono quedarían decepcionados. El destino de Karahardash dio a Ashur-uballit la excusa que necesitaba para invadir Babilonia. Derrotó al usurpador e instaló a otro de sus nietos, Kurigalzu II, en el trono babilónico.

Esto funcionó durante un tiempo. Pero Kurigalzu, que se había criado en Babilonia, aunque su madre era una princesa asiria, parece que acabó resintiéndose de la influencia asiria en su reino e invadió Asiria. Tuvo lugar una batalla en Sugagu, que está solo a un día de viaje al sur de Assur. Hay dos relatos de esta batalla. Uno informa de una victoria babilónica, mientras que el otro dice que Asiria, bajo el mando del hijo de Ashur-uballit, Enlil-nirari, ganó la batalla.

Independientemente de lo que había ocurrido en Sugagu, Asiria se encaminaba hacia la creación de un imperio. Assur se había convertido en la capital de un estado expansionista que confiaba en su poderío militar para aumentar sus territorios. «Asirio» significaba ahora ser un súbdito del imperio, no una persona de la ciudad de Assur. La representación popular en el consejo de la ciudad parecía haber terminado, y la monarquía se convirtió en la única autoridad en Asiria.

El auge del poder real hizo necesaria la creación de una corte asiria, que incluía eunucos (a los que se impedía convertirse en reyes, lo que los convertía en sirvientes y ministros «seguros») y un harén[i]. Los documentos burocráticos dejaron de ser asuntos de la ciudad para convertirse en asuntos del rey.

La arqueóloga Bleda Düring considera el Imperio asirio medio como el primer imperio longevo de la época. Los estados imperiales anteriores no habían conseguido durar más de un siglo, y la mayoría de ellos eran imperios efímeros basados en conquistas que se desmoronaban una vez desaparecido el ímpetu del fundador. Asiria sobrevivió al colapso de la Edad de Bronce y su imperio duró setecientos años. Esto, subraya Düring, fue un gran logro que rara vez ha sido igualado en la historia.

Aunque Asiria derrotó a los babilonios, en esta época había mucha influencia babilónica en Asiria, sobre todo en lo referente a la religión. Muchos de los dioses babilónicos aparecieron en la religión asiria. A veces se les daban nuevos nombres. El dios de la ciudad de Babilonia, Marduk, era adorado ahora en Assur.

El bisnieto de Ashur-uballit, Adad-nirari I (r. 1305-1274) y su hijo Salmanasar I (r. 1273-1244) continuaron la expansión de Asiria. Adad-nirari se autodenominó «pacificador de todos los enemigos de arriba y de abajo», luchando contra la dinastía kasita de Babilonia al sur y contra los mitani e hititas al norte. (A estas alturas, los mitani habían quedado reducidos a un estado vasallo del Imperio hitita).

Adad-nirari se abrió camino a lo largo del río Jabur, en el noreste de Siria, una región que era a la vez fértil y densamente poblada. Obligó al

---

[i] En el palacio de Nimrud se encontró un harén de un periodo posterior que fue excavado desde 1988 hasta la década de 1990. Debido a las guerras posteriores en Irak, el descubrimiento no se ha evaluado ni publicado adecuadamente. Curiosamente, el arqueólogo Muzahim Mahmoud Hussein encontró cuatro tumbas de esposas reales bajo el suelo del harén; las mujeres del harén vivían con sus predecesoras enterradas directamente bajo los pies.

rey de Mitani a pagarle tributo. Cuando los pagos dejaron de llegar, saqueó la capital, Washukanni, y secuestró a la familia real. Después de esto, empezó a llamarse a sí mismo «rey del universo» (el mismo título utilizado por Shamshi-Adad I), poniendo sobre aviso a otros reinos de que sus ambiciones no tenían límites.

Sin embargo, fue el sucesor de Adad-nirari, Salmanasar I, quien acabó definitivamente con el Imperio de Mitani. A pesar de la ayuda de los hititas, Shattuara II de Mitani no pudo hacer frente al poderío de Asiria. Salmanasar integró el nuevo territorio en Asiria, nombrando a su hermano menor, Ibashshi-ili, canciller de Asiria en la recién construida ciudad de Dur-Katlimmu. El canciller recibió el título de «rey de Hanigalbat» («rey de Mitani»), pero solo era un título de cortesía; era claramente responsable ante Salmanasar. Se construyó un templo en Dur-Katlimmu al dios asociado con la familia real, Salmanu. (Salmanasar significa «Salmanu es eminente»).

Salmanasar fue probablemente el primer rey que utilizó las deportaciones a gran escala como medio para construir su imperio. A partir de entonces, se convirtió en un método habitual del imperialismo asirio. Deportar gente permitía a Asiria apoderarse de artesanos o trabajadores profesionales, llevándolos a la capital o enviándolos a ciudades que necesitaban ayuda. Por ejemplo, los agricultores podían ser reasignados a una zona donde la fertilidad fuera baja para mejorar los métodos agrícolas. (La experiencia de los comerciantes de Assur, que a menudo vivían en Kanesh y otras ciudades durante años y años, podría haber hecho que esto les pareciera bastante normal a los asirios, aunque a nosotros no nos lo parezca).

Además, la reasignación de poblaciones a nuevas zonas ayudaría a crear «asirios» al reducir los sentimientos de identidad local. También privaba a las zonas conquistadas de líderes potenciales que pudieran rebelarse contra el dominio asirio.

A lo largo de la historia de Asiria, hay unos pocos «puntos dulces» en los que aparecieron tres o cuatro grandes gobernantes seguidos. Tukulti-Ninurta I fue el sucesor de Salmanasar. Subió al trono en 1244 a. e. c. y reinó durante unos treinta y siete años, durante los cuales consolidó el noroeste de Asiria y reafirmó el dominio asirio sobre Babilonia.

Tukulti-Ninurta I justificó la invasión afirmando que el rey babilonio, Kashtiliash IV, había roto sus acuerdos con Asiria. Kashtiliash fue capturado. Tukulti-Ninurta pisoteó ritualmente el cuello de Kashtiliash, utilizándolo como escabel, y lo llevó a Assur. A continuación instaló una serie de gobernantes títeres en Babilonia. Los dos primeros resultaron inútiles y fueron sustituidos rápidamente. Tukulti-Ninurta se autodenominó gobernante de «Sumeria y Acad», como habían hecho los reyes babilonios antes que él; a esas alturas, era un arcaísmo, pero consagraba su pretensión de poder sobre el sur de Mesopotamia, así como sobre Asiria. El tercer gobernante títere, Adad-shuma-iddina, duró seis años antes de que Tukulti-Ninurta lo depusiera, saqueando Babilonia y llevándose la estatua de Marduk, el dios de Babilonia, a Assur. Tukulti-Ninurta se autodenominó gobernante de Sumeria y Acad como lo habían hecho antes que él los reyes babilonios; para entonces, era un título arcaico, pero consagraba su pretensión de poder sobre el sur de Mesopotamia, así como sobre Asiria.

Tukulti-Ninurta trajo un gran número de textos de Babilonia. Entre ellos había obras de adivinación, textos médicos, oraciones y liturgias, obras literarias, listas de dioses y listas de palabras sumerias. Los escribas de Asiria podían utilizar el antiguo cuneiforme babilónico y la aún más antigua lengua sumeria para su propia escritura.

Se esperaba que los reyes asirios fueran constructores y guerreros, y Tukulti-Ninurta no decepcionó. Construyó un nuevo templo a Ishtar en Assur y también creó una nueva ciudad comercial, Kar-Tukulti-Ninurta, que estaba justo río arriba en el Tigris desde Assur. Esta ciudad tenía un nuevo palacio, un templo a Assur y un zigurat.

El orgullo siempre precede a la caída. Nunca se había erigido un templo a Assur fuera de la propia ciudad del dios, y la creación de Kar-Tukulti-Ninurta podría haber sido impopular entre la gente de Assur. Peor aún, Babilonia se volvió contra Tukulti-Ninurta de nuevo más tarde en su reinado. Esta vez, la revuelta babilónica, dirigida por Adad-shuma-usur (posiblemente un hijo del depuesto Kashtiliash), tuvo éxito. El ejército asirio se había sobrecargado y luchaba por mantener todos los territorios ganados desde la llegada de Adad-nirari I.

Tukulti-Ninurta era cada vez más impopular en su país, ya que su serie de éxitos militares había llegado a su fin. Su traslado a la nueva ciudad, junto con el saqueo de templos en Babilonia, fueron vistos como una tentación a los dioses para que castigaran a Asiria. En 1207 a. e. c. se produjo un golpe de Estado. Tukulti-Ninurta fue asesinado por sus hijos. La fortuna de Asiria ya no iba hacia arriba; la rueda de la fortuna había girado.

Capítulo 6: Asiria durante el colapso de la Edad de Bronce

Mientras Asiria estaba centrada en su rivalidad con Babilonia, el mundo a su alrededor había estado cambiando drásticamente. En primer lugar, hacia el año 1200 a. e. c., llegaron los pueblos del mar, que atacaron las costas del Mediterráneo oriental. Sus orígenes siguen siendo un misterio, pero es evidente que representaban una formidable amenaza para las civilizaciones asentadas en el Levante y Egipto.

En 1177, el faraón Ramsés III logró derrotarlos en la costa egipcia. Sin embargo, Egipto terminó muy debilitado por la necesidad de luchar contra ellos y acabó perdiendo sus colonias orientales. No obstante, Egipto sobrevivió. Otros estados no tuvieron tanta suerte. La Grecia micénica fue destruida casi por completo. Grecia vio disminuir su población, que emigró a Chipre y al Levante. Sin embargo, Atenas sobrevivió para ocupar su lugar más adelante en la historia.

El estado hitita ya había sido dañado por los ataques de Tukulti-Ninurta. Los pueblos del mar presionaron aún más a los hititas, tomando Cilicia, Chipre y la mayor parte de Canaán. Esto aisló a los hititas de sus rutas comerciales y los dejó vulnerables a los ataques tanto del Mediterráneo como de Asiria, al sur. Algunas ciudades-estado hititas sobrevivieron, como Carquemis y Melid, pero Asiria las convirtió en estados tributarios y más tarde las incorporó plenamente al Imperio neoasirio.

La dinastía casita de Babilonia cayó en 1155 tras ser conquistada por Elam. De hecho, Elam había invadido la mayor parte de Babilonia en 1158 a. e. c. Asiria pudo apoderarse de buena parte del territorio babilónico cuando el último rey kasita de Babilonia, Enlil-nadin-ahi, fue derrotado y llevado cautivo. La siguiente dinastía tuvo su base en la ciudad de Isin antes de que Itti-Marduk-balatu consiguiera retomar Babilonia en la década de 1130.

En el Levante cayeron varios estados. Ugarit, un importante puerto de la costa siria con vínculos comerciales con Egipto, fue destruido alrededor del año 1200 a. e. c.; nunca fue reconstruido. Otros estados amorreos, como Qatna y Alalakh, ya habían sido abandonados hacia el siglo XIV, y los supervivientes, como Amurru, se derrumbaron o fueron destruidos durante el colapso de la Edad del Bronce. Se produjo un declive del comercio en el Mediterráneo oriental, ya que la mayoría de las economías estaban estancadas.

Egipto también sufrió a pesar de la victoria de Ramsés sobre los pueblos del mar. Egipto decayó lentamente hasta que en 1078 el Imperio Nuevo llegó a su fin con la muerte de Ramsés XI y comenzó el Tercer Periodo Intermedio, durante el cual el país se dividió entre el dominio de Tanis, en el delta del Nilo, y Tebas, que gobernaba el Egipto Medio y Superior.

Existen varias teorías sobre por qué se produjo el colapso de la Edad de Bronce; probablemente fue una combinación de causas. El cambio climático provocó algunas de las migraciones, que ejercieron presión sobre los estados establecidos una vez que llegaron esos nuevos pueblos. La erupción del Hekla 3 en Islandia podría haber provocado una contaminación atmosférica generalizada que perturbó la agricultura. En Oriente Próximo se produjeron varias sequías; en algunas zonas, los rendimientos cayeron hasta tal punto que la tierra dejó de cultivarse.

El inicio de la fabricación del hierro también creó turbulencias tecnológicas, que debieron de cambiar la naturaleza competitiva entre los estados. Egipto, por ejemplo, adoptó muy tarde el trabajo del hierro y dependía de suministros externos de este metal, lo que le situaba en desventaja a pesar de su impresionante poder militar.

Políticamente, el colapso de la Edad de Bronce prácticamente acabó con los «estados palaciegos». Los nuevos grupos eran menos jerárquicos y a menudo se basaban en el origen étnico, como los filisteos, los árabes y los arameos. El colapso de la Edad de Bronce también acabó con el uso de la escritura cuneiforme en el Mediterráneo. A partir de ese momento, comenzaron a utilizarse las escrituras alfabéticas en el Levante. El uso de la escritura cuneiforme quedó restringido a Mesopotamia y Persia.

El colapso de la Edad de Bronce parece haberse iniciado en la cuenca mediterránea, por lo que los efectos tardaron en dejarse sentir en Mesopotamia. Inicialmente, Asiria parecía haberse beneficiado de la angustia de muchos de sus rivales occidentales.

Tiglat-Pileser I (r. 1114-1076) fue uno de los más grandes reyes de Asiria. Convirtió a Asiria en la primera potencia de Oriente Próximo, lo que siguió siendo durante los quinientos años siguientes. Dirigió una expedición a Anatolia, Capadocia y Siria, expandiendo los dominios asirios hacia el norte y el oeste y hasta el Mediterráneo. Recaudó tributos de las ciudades de Sidón y Biblos, en el actual Líbano.

Sin embargo, estas victorias fueron difíciles de consolidar. El territorio montañoso, muy diferente de las llanuras mesopotámicas, permitió a los enemigos de Asiria operar una resistencia guerrillera e impedir que Asiria estableciera una administración duradera en estas zonas. Tal vez como resultado de estas dificultades, Tiglat-Pileser inició la costumbre de tomar a los príncipes reales como rehenes, asegurándose así la obediencia de sus padres. Los príncipes serían educados como príncipes asirios, dándoles un fuerte sentido de la cultura y la ideología asirias. La idea era convertirlos finalmente en reyes vasallos.

Tiglat-Pileser también plantó árboles foráneos en Assur. Mesopotamia tenía pocos árboles propios, por lo que los asirios estaban fascinados por los árboles que veían en otros lugares. Aunque lo que queda de los reyes asirios son sus edificios, también crearon enormes jardines.

Las conquistas de Tiglat-Pileser no duraron. En tiempos de Asurnasirpal I (r. 1049-1031), Asiria se había replegado a sus tierras centrales y sufría los ataques de los incursores arameos. Después de su reinado, no hay registros de ninguna campaña militar dirigida por Asiria durante casi un siglo. Bajo su hijo menor y tercer sucesor, Assur-Rabi II (r. 1012-972), Asiria llegó incluso a perder sus ciudades en el Éufrates.

Sin embargo, la propia Assur nunca fue conquistada y el poder permaneció en manos de la dinastía adasida. Esto daría a Asiria una importante ventaja cuando las cosas empezaron a cambiar.

Capítulo 7: El Imperio neoasirio

Si el colapso de la Edad de Bronce fue causado, al menos en parte, por el cambio climático, también lo fue el renacimiento del imperio. Sin embargo, en este caso, no se debió a una sequía masiva. El aumento de las precipitaciones mejoró la productividad agrícola en Mesopotamia, poniendo en marcha las economías locales y creando nuevos excedentes agrícolas que podían invertirse en la construcción, la mejora del regadío o (a elección de los asirios) en la creación de un ejército para apoderarse de los estados vecinos.

Los arameos ya no eran una amenaza potente. Muchos se habían asentado en Oriente Próximo y los que se habían trasladado a Asiria se habían naturalizado. Las migraciones a gran escala, que habían formado parte del colapso de la Edad de Bronce, ya no se producían, por lo que la lucha contra las incursiones ya no era la principal necesidad.

Esto dio a Asiria una gran oportunidad, y sus gobernantes la aprovecharon con los brazos abiertos. Asiria salió de la casilla de salida rápidamente, aprovechando las debilidades de sus rivales. Los gobernantes asirios tenían un único objetivo: restaurar Asiria a su máxima extensión. Muchos de los reyes de este periodo llevaban el nombre de grandes gobernantes anteriores, rememorando el periodo asirio medio como la época «clásica» de la cultura asiria y pretendiendo emular sus logros.

A finales del Imperio neoasirio, el rey Asarhaddón escribió: «Delante de mí, ciudades; detrás de mí, ruinas», una frase que resume el hambre y la agresividad de los gobernantes asirios durante este periodo[i].

Sin embargo, ya no se trataba de un imperio basado en aventuras militares oportunistas. Las innovaciones en la administración gubernamental, junto con la nueva ideología de la realeza absoluta, lo convirtieron en el primero de los grandes imperios mundiales. Egipto, que de todos modos estaba encerrado en el valle del Nilo, se encontraba ligeramente apartado del resto del mundo, por lo que estaba atrasado tecnológicamente, lo que lo dejaba fuera de la competencia. Grecia se encontraba aún en las primeras fases de su desarrollo. Estaba dividida en una masa de pequeñas ciudades-estado de forma muy parecida a como lo había estado Mesopotamia durante los primeros tiempos de los sumerios.

Assur-Dan II (r. 934-912 a. e. c.) suele considerarse el primer gobernante del Imperio neoasirio, ya que reconquistó gran parte del territorio perdido de Asiria. En particular, trató de asegurar que las rutas comerciales hacia Anatolia estuvieran libres de peligro y retomó las tierras del oeste que habían quedado bajo dominio arameo.

La guerra asiria podía ser brutal. Cuando Assur-Dan II tomó Kadmuhu en el noroeste, ejecutó al gobernante e hizo que su piel desollada se exhibiera en las murallas de Arbela. Sin embargo, Assur-Dan también reasentó a los asirios indigentes en zonas fértiles e inició un programa de recuperación de tierras.

Su hijo, Adad-nirari II (r. 911-891 a. e. c.), expandió aún más el imperio, aunque parece que tuvo que luchar contra algunas rebeliones oportunistas cuando sucedió a su padre. En particular, dirigió sus miras hacia el sur, derrotando dos veces a Babilonia y empujando el dominio asirio río abajo. También creó estados vasallos en la zona de Jabur, en Siria.

Sin embargo, supo utilizar sabiamente la diplomacia, concluyendo un ventajoso tratado de paz con Babilonia. Él y el rey de Babilonia, Nabu-shuma-ukin, se casaron con las hijas del otro. (Aunque las crónicas babilónicas son fragmentarias, podría haber sido el siguiente gobernante asirio, Tukulti-Ninurta II, quien intercambió hijas).

---

[i] Frahm, Eckart. *Assyria: The Rise and Fall of the World's First Empire*. Basic Books, Nueva York, 2023.

Con Adad-nirari II, la historia asiria llega a un punto muy importante. A partir del primer año de su reinado, 911 a. e. c., existe un registro completo de todos los años de cada gobernante asirio, lo que permite datar con mayor precisión los acontecimientos a partir de esta época.

Tukulti-Ninurta II (r. 890-884 a. e. c.) tomó el nombre de un ilustre predecesor como su padre y su abuelo. Hizo campaña a lo largo del Éufrates y del Tigris superior, consolidando las ganancias de su padre. Aceptó tributos, incluidos caballos, para su ejército. La cantidad de tributo tomada cada vez pudo haber sido pequeña, pero todo se añadió al tesoro central, lo que permitió un prolífico programa de construcción en Assur y Nínive.

Una de las inscripciones de Tukulti-Ninurta resume las prioridades de su reinado: «a sus tierras añadí tierras, y a su gente, añadí gente».

Asurnasirpal II sucedió a su padre en el 883 a. e. c. Cuatro años más tarde, tomó una decisión trascendental y trasladó la capital del estado asirio de Assur a Kalkhu (hoy conocida como Nimrud). Hasta entonces, Kalkhu había sido una pequeña capital de provincia. Asurnasirpal también emprendió un amplio programa de reconstrucción en Assur y siguió utilizando las bóvedas bajo el Palacio Viejo de Assur como mausoleo de los monarcas asirios. Conocía claramente la historia del fatídico traslado de la capital de Tukulti-Ninurta I a Kar-Tukulti-Ninurta y su asesinato por sus hijos. Estaba decidido a mantener de su lado al sacerdocio y a los nobles de Assur.

También se mantuvo en el lado bueno del maestro erudito de Tukulti-Ninurta, Gabbu-ilani-eresh. Se trataba de un cargo más importante de lo que parece; equivaldría a un jefe de Estado mayor o jefe de estrategia en la actualidad. Varios maestros eruditos posteriores (*ummanu* o *tupshar sharri*, «escriba del rey») trazaron su ascendencia hasta Gabbu-ilani-eresh, por lo que parece que el cargo era hereditario.

Kalkhu era una buena elección, ya que era una región central de Asiria; Assur era periférica, situada al sur y al oeste del centro del estado. Kalkhu también tenía espacio para expandirse, mientras que Assur estaba limitada por la curva del río sobre el que estaba construida.

Un *lamassu* vigila la puerta del palacio de Asurnasirpal en Kalkhu °

El traslado también dio a Asurnasirpal la oportunidad de refrescar su administración. Conservó al maestro erudito, pero eligió a dedo a los demás funcionarios que quería llevarse consigo. Esto debilitó el poder de la nobleza, que se quedó en las ciudades ahora periféricas de Assur, Nínive y Arbela. Asurnasirpal incorporó más eunucos a su burocracia. No podían aspirar a ser reyes, ya que un rey debía ser perfecto de cuerpo. Los relieves muestran cada vez más hombres afeitados; casi todos estos hombres habrían sido eunucos.

Asurnasirpal cambió el equilibrio de poder dentro de Asiria a favor del rey y en detrimento de las familias de alto rango y de los sacerdocios de los templos. También cambió la naturaleza del Estado asirio. A diferencia de los anteriores gobernantes del Imperio neoasirio, asimiló sus conquistas al reino asirio en lugar de dejarlas como estados vasallos. Asiria pasó de necesitar tributos para reconstruir sus ciudades y ejércitos a disponer de recursos suficientes para invertir en la administración de nuevos territorios.

Kalkhu (Nimrud) fue creada, al menos en parte, por artesanos que habían sido reasentados desde otros lugares del imperio. Tenía nueve templos y un palacio al noroeste. El palacio supuso una gran desviación de las normas urbanísticas, ya que dominaba toda la ciudad. En Assur y en otros sitios, el edificio que dominaba el horizonte había sido siempre el templo o zigurat del dios de la ciudad; ahora, la realeza se imponía con mucha más fuerza.

El palacio era una obra maestra. También era una afirmación ideológica del control de Asurnasirpal sobre su universo. Toros alados con cabeza humana (*lamassu*) de hasta cinco metros de altura custodiaban las puertas como protección, y relieves de alabastro celebraban los logros del rey. Una escena muestra a Asurnasirpal levantando la mano en adoración a un dios en un disco solar alado. Un espíritu protector se sitúa detrás del rey, custodiándolo. En el centro aparece el motivo del «árbol sagrado», símbolo de fertilidad y prosperidad. Claramente, el reinado de Asurnasirpal fue ordenado por los dioses, según esta y otras escenas similares. Estas escenas se copiaron una y otra vez, no solo en el palacio, sino también en los sellos reales.

Asurnasirpal levanta la mano hacia el símbolo de Assur [9]

El palacio tenía tres patios: uno para los asuntos de Estado, otro para la administración y otro para la familia real. Cada sala tenía paredes de ladrillo vidriado o pintadas sobre los relieves de piedra y un techo de vigas de cedro libanés. Los temas de los relieves son variados. Incluían campañas militares, partidas de caza, rituales y deidades protectoras. Es probable que el palacio de Asurnasirpal fuera el primero en el que se utilizaron relieves tan extensos en la historia asiria; se convirtieron en un precedente para todas las obras de construcción de los gobernantes asirios posteriores.

Asurnasirpal canalizó el río Zab para regar jardines de recreo llenos de plantas exóticas. Estos jardines podrían haber sido los antepasados de los *charbagh* persas y mogoles, mucho más tardíos, que eran conocidos por su exuberante vegetación y sus canales de agua centrales.

La estela del Banquete de Asurnasirpal da el menú que sirvió a sus invitados en un enorme festín de «calentamiento de palacio» de diez días: mil bueyes, mil terneros, diez mil ovejas, quince mil corderos, quinientos ciervos, quinientas gacelas, mil patos, quinientos gansos, diez mil palomas, diez mil peces y diez mil panes. Todo ello se acompañaba con diez mil jarras de cerveza. Los aperitivos incluían nueces, semillas saladas, pistachos y aceitunas.

Asurnasirpal no era propenso a la subestimación. Una inscripción en el templo de Ninurta afirma: «Soy rey, soy señor, soy digno de alabanza, soy exaltado, soy importante, soy magnífico, soy el primero, soy un héroe, soy un guerrero, soy un león y soy un hombre»[i].

Varias otras cosas cambiaron, además de la idea de la monarquía. Por ejemplo, aunque el Código de Hammurabi seguía siendo conocido, se utilizaba como una declaración de justicia ideal más que como un texto jurídico práctico. No existía un poder judicial separado. Eran los funcionarios del Estado o el personal del templo quienes juzgaban; el rey generalmente solo se implicaba en casos de traición. El rey también podía ser llamado si se robaba en los templos. Dado que los dioses eran los responsables de proteger al rey y al Estado, el robo en los templos ponía en peligro el imperio y se tomaba extremadamente en serio.

Se desarrollaron servicios de mensajería y caminos reales. Esto ayudó a mejorar el imperio, ya que aumentó la distancia sobre la que el gobierno directo era efectivo.

Aunque la cerveza siguió siendo la bebida básica en Mesopotamia, a medida que más territorios productores de vino entraban en el imperio, beber vino importado se convirtió en un lujo asequible para los asirios más ricos. Probablemente, ¡algunos de esos asirios se hicieron aún más ricos importándolo!

Aunque fue Asurnasirpal II quien trasladó la corte a Kalkhu, fue su hijo, Salmanasar III, quien la convirtió en un importante centro imperial. A estas alturas, Asiria era la mayor potencia de la región. Era mucho más grande que cualquiera de los estados que la rodeaban. El antiguo montículo de asentamiento de Kalkhu se convirtió en la ciudadela, y el resto de la ciudad fue rodeado por una muralla de más de seis kilómetros de largo, con una segunda ciudadela en una esquina para proporcionar mayor protección. Este se convirtió en el modelo de las

---

[i] Frahm, Eckart. *Assyria: The Rise and Fall of the World's First Empire*. Basic Books, Nueva York, 2023.

capitales posteriores, incluidas Nínive y Dur-Sharrukin (la actual Khorsabad). No había templo para Assur, que seguía siendo solo el dios de su propia ciudad. Sin embargo, Ishtar y otras deidades tenían templos en Kalkhu.

Kalkhu fue excavada por Max Mallowan entre 1949 y 1957. Encontró un gran número de documentos en el palacio, incluidas cartas que arrojan luz sobre las campañas asirias contra Babilonia, así como sobre los proyectos de construcción reales. (Mallowan es un arqueólogo no tan conocido como su esposa, que también participó en la excavación de Nimrud. ¿Quién era ella? Pues era la famosa escritora de novelas de misterio y asesinato Agatha Christie).

Asurnasirpal había restaurado completamente las fronteras del imperio; Salmanasar quería ir más lejos. Dirigió más de treinta campañas militares durante sus treinta y cinco años de reinado. Dirigiéndose hacia el oeste, tomó Bit-Adini y rebautizó su capital con el nombre de Kar-Shulmanu-ashared, «puesto comercial de Salmanasar». A continuación trasladó a los asirios nativos a Kar- Shulmanu-ashared, probablemente para transferir el gobierno asirio y las normas comerciales, así como para asegurarse la lealtad de la ciudad.

Antes, las fronteras de Asiria iban y venían con el tiempo, ya que el ejército tenía su base en la capital y no siempre podía llegar a tiempo para resistir la presión de los enemigos o de los vasallos rebeldes. El ejército también se basaba en levas temporales, lo que significaba que reunir un ejército llevaba tiempo.

Salmanasar tomó medidas para blindar el imperio. Estableció un ejército permanente y estacionó unidades en las cuatro marchas fronterizas. Al oficial al mando de cada ejército se le confió un gran poder, lo que podía convertirse en un problema si alguno de ellos decidía rebelarse. Sin embargo, el hecho de que pudieran actuar con rapidez y por iniciativa propia permitía a Asiria reaccionar rápidamente ante cualquier amenaza exterior. En muchos casos, los eunucos eran elegidos para los puestos de «mariscal de campo» de la marcha fronteriza.

Salmanasar también creó una fuerte división de caballería. Los carros eran buenos vehículos para las estepas y las llanuras, pero no eran útiles en las montañas. Extender las operaciones del ejército fuera de Mesopotamia requería una respuesta más flexible. (Los carros tenían que ser desmontados, transportados a través de los pasos de montaña, y luego montados de nuevo antes de enfrentarse al enemigo. Así que, aunque seguían siendo vehículos de alto estatus, eran una debilidad estratégica).

Salmanasar realizó incursiones lejos de las fronteras del imperio. En el Levante, creó una serie de estados clientes, entre ellos Judá. Finalmente, ocupó la mayor parte de Siria y Arabia[i].

Sin embargo, una cosa que Salmanasar no hizo fue invadir Babilonia. Por el contrario, la convirtió en una firme aliada. Cuando dirigió una campaña en Babilonia, fue para salvar a Marduk-zakir-shumi I, el rey legítimo, de una rebelión liderada por su hermano menor. Después de dos campañas, Salmanasar consiguió finalmente arrasar al rebelde y lo mató. El estrado del trono de Salmanasar muestra a los dos reyes cogiéndose de la mano en señal de amistad.

En su vejez, Salmanasar tuvo que ceder la dirección de las campañas militares a su comandante en jefe, Dayyan-Assur. Esto normalmente no sería digno de mención, pero el Obelisco Negro de Salmanasar mencionó a Dayyan-Assur. Era la primera vez que una inscripción real atribuía una victoria a alguien que no fuera el rey.

Al final del reinado de Salmanasar se produjo una amenaza a la sucesión. Salmanasar había nombrado príncipe heredero a su hijo menor, Shamshi-Adad, pero su hijo mayor, Assur-dain-aplu, se rebeló. Esta rebelión fue finalmente aplastada, pero para ello Asiria tuvo que contar con la ayuda de Babilonia. Marduk-zakir-shumi se alegró de devolver el favor que le había hecho Salmanasar, y Shamshi-Adad V heredó el trono en el 824 a. e. c.

La lucha sucesoria había debilitado a Asiria, y los nobles que habían visto las magníficas conquistas de Dayyan-Assur querían un trozo del pastel asirio para ellos. Así, pues, Shamshi-Adad partía con desventaja. Varios reinos clientes intentaron retener el tributo, detectando una debilidad potencial. Al parecer, Shamshi-Adad luchó durante una década antes de encontrar su sitio. También parece haber resentido el hecho de que, durante la primera parte de su reinado, Babilonia tuviera la sartén por el mango.

Así que, a pesar de la amistad de su padre con Marduk-zakir-shumi, Salmanasar llevó sus tropas al sur y acabó consiguiendo un tratado con Marduk-zakir-shumi que le favorecía. Más tarde, hizo campaña en dos

---

[i] Ajab, rey de Israel, junto con Hadadezer de Damasco, luchó contra Salmanasar en el río Orontes. Jehú más tarde luchó contra el tributo de Salmanasar.

ocasiones contra el rey sucesor, Marduk-balassu-iqbi, que podría haber sido su cuñado. Tras abrirse camino al este del Tigris, Salmanasar pudo evitar el fuerte babilónico de Zaddi y dirigirse al centro de Babilonia. Se jactó de haber tomado más de treinta mil cautivos durante su segunda campaña. Shamshi-Adad luchó más tarde contra el siguiente rey babilonio, Baba-aha-iddina, llevándoselo también cautivo.

Babilonia estaba sumida en el caos. No hay constancia de ningún rey en Babilonia durante al menos una década después de Baba-aha-iddina. El imperio estaba listo para el saqueo. Pero cuando Shamsi-Adad murió en 811, su sucesor, Adad-nirari III, era probablemente demasiado joven para ejercer su gobierno con eficacia. Su madre, Shammuramat, podría haber actuado como regente. Fue la única reina asiria que conservó su título tras la muerte de su marido, lo que la convierte en una rara figura femenina en lo que es una narrativa casi exclusivamente masculina. Hizo erigir una estela en su honor en Assur (otra excepción a las reglas del club masculino) e incluso acompañó a Adad-nirari en una campaña.

Adad-nirari III nunca fue un rey fuerte. El eunuco Palil-eresh gobernaba la mitad occidental de Asiria y parecía haberlo hecho de forma semiindependiente. Esto pudo haber preocupado a Adad-nirari; pocos años antes de su muerte, instaló a un nuevo general, Shamshi-ilu. En poco tiempo, Shamshi-ilu consolidó su poder sobre el ejército y sobre la mitad occidental del imperio. En una de sus estelas, Shamshi-ilu omitió el nombre del rey y se atribuyó todo el mérito para sí mismo. Esto no tenía precedentes.

Durante estas cuatro décadas, Asiria fue fuerte económicamente. Se produjo un aumento de la producción de bienes y un incremento de la población que le dieron una base sólida; el imperio simplemente tenía un enfoque interno, no externo, y carecía de un liderazgo fuerte. Durante este periodo se produjeron plagas y las consiguientes cuarentenas y cierres interfirieron en el comercio, pero la economía subyacente era fuerte.

Tiglat-Pileser III (r. 745-727) pudo lanzar una nueva campaña de expansión. Las circunstancias en las que llegó al trono no están claras, como tampoco lo está su filiación; podría haber sido hijo de su predecesor, Assur-nirari V, o de Adad-nirari III (en cuyo caso tomó el trono de su hermano). Es posible que llegara al poder como resultado de un golpe de Estado.

Tiglat-Pileser transformó Asiria en un verdadero imperio, duplicando su tamaño a pesar de su reinado relativamente corto de dieciocho años. Centralizó la autoridad, incorporando nuevos hombres a la administración y recortando el poder de los nobles. Se aseguró de que las posesiones de tierras de cada noble estuvieran muy dispersas por todo el imperio para que ningún individuo pudiera acumular una posición fuerte en una sola provincia.

Un mural del palacio de Tiglat-Pileser III en Til Barsip que lo muestra dando una audiencia [10]

A diferencia de Shamshi-Adad V, Tiglat-Pileser se lanzó a la carrera. Apenas accedió al trono, invadió el norte y el este de Babilonia. Ese mismo año, tomó medidas para reprimir a las inquietantes tribus arameas cercanas a las fronteras asirias.

En 743, derrotó a Urartu. En 740, conquistó Arpad e hizo del norte de Siria una nueva provincia. Más tarde, consolidó su dominio sobre el Líbano moderno y convirtió a Judá, Moab y Edom en estados tributarios. Llegó incluso hasta la frontera egipcia. En 734, se había anexionado a Damasco y había convertido a Oseas en su rey títere en Israel.

En tiempos de Tiglat-Pileser, los carros se habían hecho más grandes. Los conducían tres hombres en lugar de solo dos. El conductor y el arquero tenían un tercer hombre encargado de protegerlos. Los carros también eran más pesados debido a que tenían más blindaje.

Tiglat-Pileser III en su carro con la sombrilla real sostenida sobre él [11]

Babilonia era un premio que dos reyes asirios habían dejado intacto. Tiglat-Pileser esperó su momento durante más de una década. Pero finalmente, encontró que las condiciones se habían movido a su favor. En 734, el rey babilonio Nabonasar murió. Su hijo, Nabu-nadin-zeri, le sucedió, pero solo duró poco más de un año antes de ser asesinado por uno de sus gobernadores provinciales, Nabu-shuma-ukin. Este usurpador duró solo un mes antes de que un caldeo (babilonio del sur), Nabu-mukin-zeri, sofocara la rebelión y ocupara él mismo el trono. Esto dejó a Babilonia como una presa fácil, y Tiglat-Pileser se aprovechó de ello. En 729, invadió Babilonia y se proclamó rey de Babilonia.

Tiglat-Pileser unió a los dos reinos bajo su gobierno personal. No se trató de una unión política. Babilonia siguió siendo un reino separado y no fue incorporada al sistema de gobierno asirio.

El hijo de Tiglat-Pileser, Salmanasar V, continuó la expansión y puso fin a la independencia de Israel al anexionarse a Samaria. Sin embargo, su reinado fue breve, duró solo cinco años, del 727 al 722 a. e. c.

Le sucedió Sargón II (r. 722-705 a. e. c.). Es difícil encontrar pruebas, pero Sargón podría haber dirigido un golpe de Estado en 722 que puso a Salmanasar fuera del poder tras solo cinco años de gobierno. Por otra parte, las Crónicas Babilónicas dicen simplemente: «Salmanasar murió». El nombre de Sargón era una referencia al Imperio acadio y a su rey más grande; quizás, irónicamente, el nombre Sargón, o Sharrukin en asirio, significa «el rey legítimo».

Sargón II era probablemente un hijo menor de Tiglat-Pileser, pero generalmente se lo considera el fundador de una nueva dinastía. Las inscripciones babilónicas lo asignan a la dinastía de Hanigalbat y no a la de Baltil, la línea principal asiria. Esto sugiere que pudo pertenecer a una rama lateral de la familia o que tal vez fuera hijo del hermano menor del monarca.

Sargón era un líder decisivo, que utilizaba tanto la acción militar como el espectáculo para lograr sus objetivos. Tenía un sentido muy desarrollado de la *realpolitik* y de cómo salirse con la suya tanto con aliados como con enemigos. Sargón tuvo que sofocar una rebelión en Palestina casi de inmediato, pero también necesitaba una estrategia para contener a un resurgente reino elamita. Su solución estaba pulcramente calculada; hizo la paz con Elam y sofocó las rebeliones de Ilu-bi'di y Hanunu, desollando a uno y cegando al otro. El castigo severo y la clemencia eran sus armas; podía jugar al «poli bueno» o al «poli malo» y a menudo pretendía lograr un equilibrio de ambos para animar a los demás a hacer lo que él quería.

Sus primeras conquistas incluyeron Karkemish, que conquistó en 717. Saqueó el tesoro, llevándose una inmensa cantidad de plata. En 714 conquistó Urartu y atacó por sorpresa Musashir con un pequeño grupo de asalto después de haber atravesado un territorio montañoso muy difícil. Musashir era una ciudad rica y su contenido fue contabilizado por los escribas de Sargón II. Los asirios se llevaron plata y oro del templo, más de veinticinco mil escudos de bronce y cientos de miles de puñales de bronce.

Sargón aumentó el tamaño de su ejército tomando cuadrigas (y presumiblemente otras fuerzas) de los pueblos conquistados. Por ejemplo, adquirió cincuenta equipos de cuadrigas de Samaria, doscientos de Hamat y cincuenta de Karkemish. Un carro era un bien caro, por lo que los propietarios de estas cuadrillas eran probablemente hombres ricos o de la nobleza. Al incorporarlos a su ejército, mató dos pájaros de un tiro, convirtiendo a estos creadores de opinión en súbditos leales y aumentando sus recursos militares.

El resultado de este reclutamiento puede verse claramente en el hecho de que una quinta parte de su ejército tenía nombres no asirios. El ejército, al igual que el imperio, era cada vez más diverso étnicamente.

En el 710 a. e. c., dirigió su atención a la reconquista de Babilonia. A estas alturas, Sargón contaba con un experimentado ejército lleno de veteranos de campaña. Babilonia, por su parte, estaba dividida entre la población urbana y las tribus semiindependientes de los pantanos. La sucesión de un nuevo rey en Elam había puesto en entredicho la capacidad de Babilonia para acceder a la ayuda de los elamitas. Marduk-apla-Iddina II era tácticamente inteligente y evitaba las batallas siempre que podía, pero Asiria estaba ganando partidarios entre los gobernadores y las tribus. Varias ciudades desertaron al bando de Sargón.

Las fuerzas asirias se acercaban cada vez más a la capital, y cuando Elam declaró explícitamente que no ayudaría a Babilonia, Marduk-apla-iddina huyó a los pantanos del sur. Hábilmente, Sargón consolidó su control del norte de Babilonia antes de dirigirse al sur para un enfrentamiento final con Marduk-apla-Iddina, que se escondía en su ciudad natal, Dur-Yakin. Marduk-apla-iddina inundó los campos alrededor de Dur-Yakin, derribando todos los puentes y calzadas para impedir la aproximación de Sargón. Marduk-apla-iddina tuvo éxito en parte, ya que la ciudad consiguió resistir el bloqueo de Sargón durante un año antes de negociar finalmente un tratado. Marduk-apla-Iddina fue exiliado a Elam, un ejemplo de la clemencia ocasional y normalmente bien juzgada de Sargón.

Los sacerdotes de Babilonia, que al parecer eran más poderosos que los de Assur, tomaron el asunto en sus manos e invitaron a Sargón a la ciudad y luego al templo para que tomara la mano de Marduk en la fiesta del Año Nuevo, convirtiéndolo en rey. Permaneció en Babilonia hasta el año 707.

Cuando Sargón II regresó a Asiria, trasladó la capital a Dur-Sharrukin, el «fuerte de Sargón» (la actual Khorsabad). Tardó diez años en construirla. Puede que el traslado de la capital no fuera un simple capricho; al crear una nueva capital, Sargón estaba expandiendo la economía, abriendo nuevas tierras al cultivo y mejorando el nivel de vida. La nueva capital cumplía los mismos objetivos que un proyecto moderno de aburguesamiento urbano. Fue un programa de construcción masiva. A los artesanos y obreros que fueron a trabajar en ella se les perdonaron sus deudas. (Cabe señalar que aquellos cuyas tierras fueron adquiridas para el proyecto recibieron una compensación monetaria. El rey no estaba por encima de la ley. A algunos se les ofrecieron tierras en otras partes de Asiria).

Alrededor de Dur-Sharrukin se plantaron olivares. El aceite de oliva era un recurso escaso en Asiria, por lo que se trataba de una medida práctica y potencialmente rentable.

Dur-Sharrukin era espléndida. Tenía una ciudadela con un zigurat de 50 metros de altura, un palacio real y numerosos templos. El palacio cubría veinticinco acres y sus puertas estaban custodiadas por colosales toros alados. Sus murallas medían 16.280 unidades asirias. Ese número era importante; los asirios eran grandes creyentes en la numerología, y 16.280, traducido a letras, sumaba el nombre de «Sargón». Estas murallas tenían 157 torres. Se levantaron templos a Adad, Ningal, Ninurta, Nabu, Shamash y Sin, y se construyó una ciudadela secundaria en la esquina suroeste.

También había jardines, un canal central y un enorme montículo, que estaba plantado de árboles y pretendía imitar un paisaje de montaña. Sin embargo, la ciudad no estaba terminada cuando Sargón murió, y pronto quedó obsoleta.

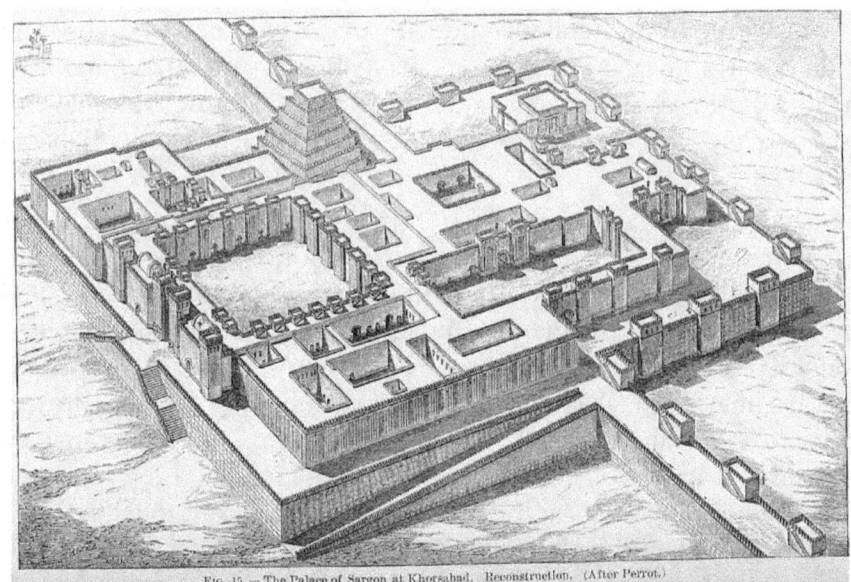

Impresión artística de 1905 del palacio de Dur-Sharrukin [12]

Sargón parecía haber confiado mucho en su familia cercana, como el príncipe heredero Senaquerib y su hermano y gran visir, Sin-ahu-usur. Quizá esto, junto con el traslado a Dur-Sharrukin, refleje un sentimiento de inseguridad por parte de Sargón. Es evidente que no le agradaba la perspectiva de una oposición a sus planes en Assur o Kalkhu.

Bajo Sargón, las deportaciones o reasentamientos se convirtieron en una característica aún mayor de la política asiria. Deportó hasta 600.000 personas, sembrando de asirios las nuevas provincias, al tiempo que reasentaba en Asiria a gran parte de la población de Samaria (conquistada en 722). Muchos de los deportados acabaron probablemente en la región donde se encontraba Dur-Sharrukin, trabajando en proyectos de construcción o en nuevas granjas. En una rebelión en una zona fronteriza, cinco mil personas fueron reubicadas en el corazón de Asiria una vez sofocada la insurrección.

Había tres tipos diferentes de provincias en el Imperio asirio:

- El centro, donde los gobernadores de las ciudades gobernaban en nombre del rey.
- Las marchas fronterizas hacia el norte y el noroeste, que estaban gobernados por los funcionarios más cercanos al rey.
- Las tierras extranjeras anexionadas, que eran gobernadas por gobernantes locales nombrados por Asiria.

Asiria había alcanzado los límites de su poder. Al oeste estaba el Mediterráneo y al sur el desierto de Arabia, ambos presentaban barreras. Los montes Zagros bloqueaban el camino hacia Irán. Asiria se había convertido en un imperio masivo, pero se enfrentaba a límites geográficos que era incapaz de superar.

Un año después de trasladarse a Dur-Sharrukin, Sargón emprendió una campaña hacia Anatolia. Para entonces debía de tener sesenta años y estaba acostumbrado al éxito militar. Podría haber dejado que un general tomara las riendas de la campaña, pero quizá no tenía a nadie en quien confiar, o quizá se sentía invencible. Esta vez, sin embargo, había calculado mal. El enemigo irrumpió en su campamento, lo encontró y lo mató. Peor aún, desde el punto de vista asirio, su cuerpo no pudo ser recuperado. Nunca se uniría a los otros reyes en las tumbas reales de Assur, y su fantasma vagaría por el mundo sin paz.

Senaquerib sucedió a su padre, Sargón, en 705. Nunca se trasladó a Dur-Sharrukin. Tal vez lo consideró desafortunado, o tal vez pensó que estaba embrujado por el espíritu inquieto de Sargón. Hizo todo lo que pudo para distanciarse de su padre, a quien debió de sentir como maldito. A diferencia de casi todos los demás reyes legítimos de Asiria, nunca mencionó el nombre de su padre en ninguna de sus inscripciones. Pronto trasladó la capital a Nínive, que reconstruyó ampliamente.

Senaquerib gastó inmensas cantidades en la construcción de su nueva capital, que cubría casi dos mil acres. Nínive llegó a ser más del doble de grande que las dos capitales precedentes, Kalkhu y Dur-Sharrukin, y estaba rodeada por una muralla de doce kilómetros de largo.

El nombre de Senaquerib significa «el dios Sin ha reemplazado a los hermanos». Esto puede indicar que era un hijo largamente esperado, ya que los otros hijos de Sargón murieron en la infancia. Fuentes posteriores afirman que Senaquerib estaba afligido por un demonio. La pérdida de su padre podría haberle provocado una depresión. Esto tendría sentido; si Senaquerib era un sustituto muy esperado, su padre debía de estar muy unido a él.

Un relieve de Senaquerib[1a]

En muchos sentidos, Senaquerib puede considerarse como el gran consolidador que siguió a la expansión de Sargón. Se presentó como un gran innovador, un inventor arquitectónico y agrícola, y un metalúrgico, que aumentó la cantidad de estaño utilizado para crear bronce. En su palacio, hizo que los escultores suprimieran la «pata de más» de los *lamassu*, antes de este momento, se habían mostrado con cuatro patas a cada lado, como si fueran dos relieves doblados para que, vistos en ángulo, parecieran tener cinco patas. El nuevo tratamiento era quizá menos impresionante, pero resultaba más naturalista.

Senaquerib no solo reconstruyó Nínive, sino que también creó una enorme red de canales alrededor de la ciudad. Esta parece haberse desarrollado en cuatro fases, comenzando relativamente pequeña, pero haciéndose cada vez más ambiciosa. Este proyecto de construcción incluía acueductos, canales y esclusas. Muchos de los cursos de agua eran subterráneos. Se excavaban en el lecho rocoso y se accedía a ellos a través de pozos verticales cada cuarenta metros aproximadamente. (Este tipo de canal todavía se utiliza en algunas partes de la península arábiga, conocido como *qanat* o *falaj*).

Se utilizó un tipo de tornillo de Arquímedes en lugar del primitivo *shaduf* (una pértiga pivotante que elevaba un cubo) para subir el agua de un nivel a otro. Se trataba de una enorme innovación. Para resaltar el control del agua por parte del rey, a menudo se realizaban tallas en relieve en la roca junto a las esclusas o los pozos, en las que aparecía el rey como mecenas.

Senaquerib también expresó la ideología real importando árboles de otras partes del imperio al palacio y creando un pantano para imitar las marismas babilónicas. Había llevado a Nínive los extremos del imperio. También plantó árboles frutales de todo tipo, una afirmación de fertilidad que podría haber hecho referencia al árbol sagrado mostrado en los relieves de Asurnasirpal.

Senaquerib tomó el título de rey de Babilonia, yendo un paso más allá que su padre, que solo tomó el título de virrey; el dios Marduk había sido reconocido como el verdadero rey de la ciudad. Esto no pudo sentar bien a los babilonios. Además, Senaquerib no acudió al rito de tomar la mano de Marduk como había hecho su padre. Este fue uno de los errores de Sargón que volvió para atormentar al Imperio asirio.

Estalló una rebelión en Babilonia. Probablemente, podría haber sido reprimida con bastante facilidad, pero Marduk-apla-iddina, sentado cómodamente en el exilio en Elam, vio su oportunidad. Se dirigió directamente a Babilonia, se deshizo del líder de la rebelión y tomó el control. Y esta vez, gracias a que se mostró complaciente mientras estuvo en el exilio, contó con el respaldo de Elam.

Senaquerib se vio obligado a invadir. El muy sensato Marduk-apla-iddina huyó de nuevo a los pantanos. Senaquerib nombró nuevo rey a Bel-ibni, un joven babilonio rehén que «había crecido como un cachorro en mi palacio»[i]. Senaquerib saqueó Babilonia. Tal vez estaba decidido a hacer exactamente lo que su padre no habría hecho.

Después de que Bel-ibni se mostrara incapaz de reprimir las rebeliones en el sur de sus dominios (según algunos relatos, de hecho se unió a ellas), Senaquerib lo sustituyó. Esta vez, mantuvo las cosas en familia, dando a su hijo mayor, Assur-nadin-shumi, el trono de Babilonia.

Entonces, Senaquerib se volvió hacia el Levante. Varios gobernantes filisteos habían dejado de pagar tributo, por lo que era necesaria una expedición punitiva. Senaquerib tomó Sidón, cuyo rey había huido sin defender su ciudad; Ascalón, donde el rey fue hecho cautivo y enviado a Asiria; Ecrón, y Laquis, donde el asedio duró tanto que los arqueros se quedaron sin puntas de flecha de metal.

Finalmente, en 701, bloqueó Jerusalén. Como de costumbre, primero se intentó la diplomacia. En 2 Reyes 18 NKJV se cuenta cómo el *rabshakeh* (jefe de los coperos o visires) de Senaquerib promete a los hebreos que si se unen a Asiria y abandonan al rey Ezequías, recibirán un trato especial.

> «Haced las paces conmigo mediante un presente y salid a mi encuentro —les dice—, y cada uno de vosotros comed de su propia vid y cada uno de su propia higuera, y cada uno de vosotros beba las aguas de su propia cisterna; hasta que yo venga y os lleve a una tierra como la vuestra, una tierra de grano y de vino nuevo, una tierra de pan y de viñedos, una tierra de olivares y de miel, para que viváis y no muráis».

Esta era la forma en que Asiria veía la deportación; no era un castigo, sino una forma organizada y útil de asentar a la gente en tierras que pudieran sustentarlos y apoyar al Imperio asirio. El objetivo final era crear una población «asiria» homogénea. Se fomentaron los matrimonios mixtos.

En cualquier caso, esta promesa no fue aceptable para el pueblo de Israel, y Senaquerib no pudo tomar Jerusalén. Sin embargo, el bloqueo

---

[i] Radner, Karen. *Ancient Assyria: A Very Short Introduction*. Oxford University Press, Oxford, 2015.

funcionó. Ezequías decidió finalmente pagar el tributo, y Senaquerib se marchó. O, al menos, esa es la versión asiria. En la Biblia hay un final bastante diferente. En lugar de que Senaquerib tomara una decisión diplomática, Dios intervino, dando muerte a 185.000 soldados asirios en la noche.

Hay una especie de acertijo que uno tiene que resolver al reconciliar los dos relatos. Tal vez los hebreos simplemente no creían que Senaquerib se rendiría a menos que tuviera que hacerlo. Probablemente, Senaquerib había sopesado el costo de un asedio prolongado en un momento en el que los recursos alimenticios empezaban a escasear, y esto permitió un acuerdo negociado que ambas partes pudieron reclamar como una victoria.

En 694, Senaquerib decidió hacer frente a un viejo enemigo, llevando una fuerza militar a Elam. Esto le permitiría erradicar a los rebeldes babilonios que habían escapado a Elam. Las fuerzas asirias cruzaron el golfo Pérsico en barcos tripulados por fenicios y griegos. Los asirios no eran un pueblo marítimo, pero la expansión del imperio había traído nuevos trabajadores calificados, y Senaquerib decidió aplicarlos por primera vez en la guerra. Tuvo un gran éxito, ya que conquistó varias ciudades elamitas.

Sin embargo, esto tuvo resultados inesperados. El rey de Elam, viendo lo lejos que estaba Senaquerib de su capital, decidió pasar a la ofensiva e invadió Babilonia. La facción antiasiria de Babilonia decidió enfrentar a un enemigo contra el otro. Entregaron a Assur-nadin-shumi, su rey impuesto por los asirios y príncipe heredero asirio, a los elamitas. Lo llevaron a Elam y desapareció de la historia.

Senaquerib salió en busca de venganza. Hizo cautivo al nuevo rey babilonio, Nergal-ushezib, y lo llevó a Nínive. Nergal-ushezib fue encadenado a un oso salvaje en la puerta de la ciudadela. (Esta podría haber sido la idea de entretenimiento de los asirios.) Senaquerib invadió entonces Elam por segunda vez. Aunque tuvo éxito al principio, no estaba preparado para el invierno de las montañas persas y dio media vuelta antes de poder terminar la campaña. Las inscripciones en las que Senaquerib habla de este viaje muestran muy claramente lo aterradoras que eran las escarpadas montañas nevadas y los pasos para los hombres acostumbrados a las estepas llanas y abiertas de Asiria.

Senaquerib se dio cuenta de que tendría que derrotar tanto a Elam como a Babilonia para estar seguro, ya que los dos estados siempre se apoyarían mutuamente contra él. En 691, se reunió una coalición antiasiria de elamitas y babilonios, y se dirigieron hacia el norte a lo largo del Tigris para amenazar a Assur. Pero Senaquerib estaba preparado para ellos. En Halule (la actual Samarra), consiguió bloquear su avance y, al año siguiente, había desplazado su ejército hacia el sur para sitiar Babilonia. Pasaron quince meses antes de que la ciudad cayera. Las tropas de Senaquerib saquearon Babilonia, masacraron a la población y destruyeron la ciudad y su sistema de riego. Babilonia ya no existía. Esta era la cuarta campaña de Senaquerib contra Babilonia, y por fin había logrado destruir la amenaza para Asiria.

Sin embargo, para asegurar el logro político, había que poner en juego a los dioses para afirmar la conquista tanto en la esfera divina como en la terrenal. Eso significaba que los dioses de Babilonia tenían que ser absorbidos por la religión asiria. Senaquerib hizo traer a Assur el trono y el lecho de Marduk, y erigió en Assur una «casa Akitu» calcada de la babilónica. (La casa Akitu es un templo visitado por el dios Marduk en la fiesta del Año Nuevo). Incluso incluía tierra tomada de las ruinas de Babilonia en sus cimientos. Assur se había comido a Marduk y Asiria se había tragado a Babilonia.

Senaquerib nunca tomó el título de rey de Babilonia (de nuevo haciendo lo contrario de lo que había hecho su padre), por lo que la ciudad se quedó sin gobernante.

A estas alturas, Senaquerib probablemente había pasado más tiempo fuera de Asiria que dentro de ella, y es posible que hubiera perdido su dominio de la política interior. Dado que el príncipe heredero, Assurnadin-shumi, probablemente había sido ejecutado en Elam, Senaquerib nombró príncipe heredero a Urdu-Mullissi (también escrito como Arda-Mulissu). Sin embargo, en el 684 a. e. c. cambió repentinamente de opinión. En cambio, Senaquerib ascendió al cargo a un hijo menor, Asarhaddón. ¿Por qué Asarhaddón? Algunos historiadores culpan a Naqia, su madre, de influir en Senaquerib. Asarhaddón era un hombre maduro cuando fue elegido, así que tal vez había conseguido demostrar su valía a su padre.

Durante un par de años, las cosas parecieron calmarse. Entonces, por alguna razón, Asarhaddón fue enviado lejos de Nínive a un «lugar secreto». Lo más probable es que esto tuviera por objeto garantizar su seguridad. Sin embargo, no garantizó la seguridad de Senaquerib. En octubre del 681 a. e. c., Urdu-Mullissi y su hermano Nabu-shar-usur decidieron actuar. 2 Reyes 19 NVI cuenta la historia:

«Entonces Senaquerib, rey de Asiria, levantó el campamento y se retiró. Regresó a Nínive y se quedó allí. Un día, mientras rendía culto en el templo de su dios Nisrok, sus hijos Adrammelek y Sharezer lo mataron a espada y escaparon a la tierra de Ararat. Y su hijo Asarhaddón le sucedió como rey».

Asarhaddón, aunque exiliado, pudo marchar sobre Nínive y tomar el trono. Se aseguró de que todo se hiciera correctamente. Fue investido rey en Assur, que seguía siendo la capital religiosa y el hogar del dios del que el rey de Asiria sostenía su autoridad. Si Senaquerib había sido castigado por su blasfemia contra Marduk y su destrucción de los templos de Babilonia, Asarhaddón iba a asegurarse de que al menos el dios Assur estuviera de su parte.

A continuación, se deshizo de todo el cuerpo de seguridad del palacio. Los funcionarios del Estado que podrían haber apoyado a su hermano fueron despedidos o ejecutados. Durante el resto de su reinado, Asarhaddón fue un hombre inquieto. Preguntaba regularmente al oráculo de Shamash si alguien planeaba rebelarse contra él. (Su sucesor, Asurbanipal, preguntó al oráculo sobre una serie de operaciones militares y decisiones políticas, pero Asurbanipal parece que nunca preguntó sobre rebeliones. Tal vez no sintió la necesidad de hacerlo). Asarhaddón creó un estado de alta vigilancia, utilizó agentes provocadores y fomentó las denuncias. Su Asiria era, en muchos sentidos, un estado de vigilancia.

Hubo, en efecto, rebeliones en varias ciudades asirias, tal como Asarhaddón había sospechado. Su éxito militar en el extranjero contrastaba con el malestar y las conspiraciones en casa. Sin embargo, Asarhaddón sobrevivió a todas las conspiraciones.

En 677, se apoderó de Sidón y ejecutó a su rey. A continuación, firmó un tratado con Tiro. En 674, hizo un tratado con Elam, poniendo fin a la rivalidad entre los dos estados y asegurando así la frontera oriental. Esto le permitió poner sus miras en el oeste y en Egipto, gobernado entonces por la dinastía nubia (kushita).

El primer intento de Asarhaddón sobre Egipto, en 673 a. e. c., fue un fracaso, lo que lo hizo impopular en casa. Sin embargo, reunió nuevos aliados y volvió a atacar Egipto dos años más tarde desde el Sinaí. Esta vez, tuvo más éxito y consiguió conquistar Egipto hasta el sur de Tebas (aproximadamente a medio camino de la frontera meridional de

Egipto). Egipto se convirtió, de hecho, en vasallo de Asiria, ya que el rey kushita Taharqo huyó del campo. Asarhaddón instaló gobernantes vasallos en Menfis (la actual El Cairo) y Sais (situada en el delta del Nilo) y se llevó su botín a Assur.

Asarhaddón era muy inusual para los egipcios. Todos los gobernantes extranjeros anteriores de Egipto habían adoptado los títulos y la vestimenta faraónicos. La dinastía macedonia ptolemaica también lo hizo. Pero Asarhaddón no intentó en absoluto ser un faraón. Quizá la cultura le era demasiado ajena, o quizá la forma en que Asiria gestionaba los estados vasallos lo hacía innecesario. O tal vez, habiendo recibido su corona del propio dios Assur, Asarhaddón simplemente no veía el sentido de pretender ser un dios.

Crecer cada vez más impopular en casa probablemente no hizo nada por la paranoia de Asarhaddón. Las ciudades de Nínive y Kalkhu se convirtieron en fortalezas inexpugnables, y su obsesión por la seguridad del Estado continuó. Luego, en 670, Asarhaddón llevó a cabo otra purga de sus cortesanos y funcionarios tras un episodio de oposición a su gobierno en el norte de Siria. Las Crónicas Babilónicas dicen: «El rey pasó a cuchillo a sus oficiales en Asiria». No da más detalles. Sin embargo, la purga debió de ser salvaje. Por primera vez, no había en el lugar ningún alto funcionario cuyo nombre pudiera utilizarse como epónimo del nombre del año. Es probable que Assur-nasir, el jefe eunuco que había dirigido la campaña egipcia, fuera uno de los asesinados. Fue asesinado justo un año después de su triunfo.

Las cartas del exorcista de Asarhaddón (que desempeñaba aproximadamente el mismo papel que un médico o psiquiatra desempeñaría hoy en día) sugieren que el rey estaba clínicamente deprimido tras la muerte de su esposa Esharra-hammat y su bebé. Podría haber padecido una forma de trastorno de estrés postraumático derivado del asesinato de su padre.

Una señal de la creciente perturbación de Asarhaddón fue el uso que hizo de un antiguo rito para eludir sus obligaciones. Se podía recurrir a un sustituto para proteger al rey de los peligros que surgían durante un eclipse solar; durante cien días, un sustituto ocupaba el lugar del rey. Con ello se pretendía cegar a las fuerzas del caos y asegurar que, tras el eclipse, el rey pudiera recuperar su trono ileso, sin peligro para el gobierno del Estado asirio.

Pero Asarhaddón utilizó el rito al menos cuatro veces, incluso pocos días después de su primera victoria en Egipto. No utilizó el rito para evitar los eclipses; más bien quería poder ocultarse de su posición como rey y retirarse a la vida privada. Como utilizaba este rito, todos estaban contentos, excepto el rey sustituto, que siempre era asesinado al final de los cien días. Asarhaddón, que era claramente un tipo listo, se las arregló para elegir rivales políticos para el puesto de rey sustituto.

Bajo Asarhaddón, Asiria se hizo aún más multiétnica y multicultural. A los sacerdotes y eruditos asirios se unieron los babilonios, y sus nuevas conquistas vieron unirse a su corte a un médico egipcio, así como a astrónomos y sacerdotes egipcios.

Senaquerib tenía una relación tensa con su padre muerto, y Asarhaddón tenía una relación extraña con su padre. Convencido de que Senaquerib había sido el blanco de los dioses por su saqueo de Babilonia, Asarhaddón se dedicó a reconstruir la capital que su padre había destruido. La reconstrucción de Babilonia fue el gran programa de construcción de Asarhaddón, rivalizando con Dur-Sharrukin y Nínive. Por primera vez, un rey asirio financió un gran proyecto de construcción fuera de Asiria, y por primera vez, también fue financiado desde fuera de Asiria, al menos en parte. El tributo de Egipto ayudó a pagar las obras.

La primera etapa de la construcción fue la limpieza. Había que limpiar la ciudad de la vegetación que la había invadido y reencauzar el río a su cauce original antes de que se inundara la zona que rodeaba la ciudad.

Asiria era un imperio enorme con 75 provincias. Quizá era demasiado grande para que lo gestionara un solo hombre, así que Asarhaddón decidió separar de nuevo las dos mitades de su imperio. En 672, nombró a su hijo menor, Asurbanipal, príncipe heredero de Assur, y a su hijo mayor, Shamash-shumu-ukin, príncipe heredero de Babilonia. Esto puede parecer inusual; seguramente, el hijo menor debería de haber sido enviado a Babilonia. Una inscripción muestra por qué fue así. Shamash-shumu-ukin era una especie de sacrificio viviente, un regalo para Marduk y la diosa Zarpanitu, los dioses de Babilonia.

El acuerdo de sucesión fue ampliamente difundido en estelas, en inscripciones e incluso en el sello real, que mostraba la escena del rey matando a un león por triplicado, representando el triple gobierno de Asarhaddón y de los dos príncipes. Sin embargo, la exigencia de que los funcionarios tuvieran que prestar juramento de sucesión se refería exclusivamente a Asurbanipal, cuya madre era asiria. La madre de Shamash-shumu-ukin era babilonia.

Asarhaddón murió en 669. Se dirigía de nuevo a Egipto para sofocar una rebelión bajo el mando de Taharqo. Dejó un palacio inconcluso en Kalkhu que fue construido al estilo egipcio. Asurbanipal heredó un imperio rico y exitoso, pero había una herida de muerte oculta. A causa de las dos grandes purgas de Asarhaddón en la función pública, había destruido el poder de funcionamiento de la administración.

Asurbanipal (r. 669-631) continuó la expedición asiria en Egipto. En 667, invadió, reconquistó el país e instaló a Necho de Sais como gobernante vasallo, a pesar de que había participado en la rebelión de Taharqo. El hijo de Necao, Psamético, también recibió un alto cargo.

La dinastía kushita contraatacó unos años más tarde. El sucesor de Taharqo, Tantamani, remontó el Nilo en una nueva ofensiva, y Necao fue asesinado mientras defendía Menfis. Psamético huyó, pero regresó al año siguiente, apoyado por Asurbanipal y el ejército asirio. Asurbanipal arrasó Egipto hasta el sur de Tebas, que saqueó en 663, llevándose dos obeliscos a Asiria, así como a muchos de los habitantes de la ciudad y una gran cantidad de oro y plata. Aunque las pruebas arqueológicas demuestran que los asirios se llevaron un buen botín, no quemaron la ciudad ni destruyeron los edificios. Psamético fue instalado entonces como faraón, aunque solo gobernó la mitad superior de Egipto. Asurbanipal regresó a Asiria.

Es probable que Asurbanipal viera a Psamético como un gobernante provincial domesticado. Sin embargo, Psamético reunificó Egipto. Fundó la XXVI dinastía y casi sobrevivió al Imperio asirio.

El acuerdo de sucesión de Asarhaddón otorgaba a Asurbanipal el papel principal; aunque su hermano fue instalado como rey de Babilonia, se sobreentendía que Asiria era la realeza de mayor rango. Esto debió de disgustar a su hermano, sobre todo porque varias ciudades importantes de Babilonia (Nippur, Uruk y Ur) lo ignoraron y trataron directamente con Nínive. Tras década y media de obediente administración de lo que Asurbanipal consideraba simplemente otra provincia asiria, Shamash-shumu-ukin se rebeló en 652. Fue apoyado por Elam, aunque no por todos sus propios súbditos.

Hacia 650, las cosas iban mal para Shamash-shumu-ukin. Asurbanipal lo había hecho retroceder, tomando Sippar y Borsippa por el camino, y ahora podía sitiar Babilonia. Según el relato de Asurbanipal, Babilonia estaba tan asediada que los ciudadanos habían recurrido al canibalismo, pero la exageración era una característica habitual de las inscripciones de los reyes asirios. Aun así, un asedio de dos años debió de reducir considerablemente el nivel de vida en Babilonia.

Finalmente, la ciudad cayó. Asurbanipal se dedicó a arrasar la ciudad. Sus inscripciones están llenas de atrocidades, como descuartizar cadáveres para dárselos de comer a cerdos y perros. Sin embargo, no dicen lo que le ocurrió a Shamash-shumu-ukin.

Quizá el «Cuento de los dos hermanos» tenga la respuesta. Esta historia se conoce por un papiro egipcio del siglo IV (escrito tanto en arameo como en egipcio demótico) y cuenta cómo la hermana de Asurbanipal y Shamash-shumu-ukin, Sherua-etirat, suplica a su rebelde hermano que se someta al rey o que se queme a sí mismo y a su familia en una pira junto con los eruditos babilonios que lo tentaron a rebelarse. Él se niega, y cuando se prende fuego al templo de Marduk, muere entre las llamas.

Independientemente de lo que le ocurriera a Shamash-shumu-ukin, Asurbanipal había ganado. Pero cuatro años de guerra civil habían dejado a Babilonia desestabilizada y sumida en la hambruna, lo que destruyó el prestigio de Asiria. Babilonia, tras haber sido destruida dos veces en memoria viva por reyes asirios, hervía de odio hacia sus rivales del norte.

Elam seguía siendo una espina en el costado de Asiria a pesar de una campaña anterior muy exitosa contra Teumman, que había sido asesinado en la batalla del río Ulai, lo que dio a Asurbanipal la oportunidad de instalar a los gobernantes de su elección. (Teumman fue decapitado; la escena se muestra con nauseabundo detalle en los relieves del palacio de Asurbanipal, y las inscripciones se jactan de haber hecho correr los ríos rojos de sangre). Pero en Elam se produjeron revueltas tras revueltas. Hacia 646, Asurbanipal había decidido que era hora de poner fin al problema elamita.

Probablemente, Asurbanipal fue más lejos en esta campaña que cualquier otro rey asirio anterior. Puede que incluso tomara tributo de algunos de los reinos iranios. En su camino de regreso, decidió destruir la capital elamita, Susa. Demolió los templos y el zigurat, saqueó el palacio y «secuestró» no menos de diecinueve dioses elamitas. Las tumbas reales de Elam fueron destruidas, y el rey de Elam fue llevado a Nínive, donde tuvo que tirar del carro de Asurbanipal.

Los acontecimientos relatados en estas inscripciones parecen justificar la valoración que hace Frahm de Asurbanipal como «erudito, sádico, cazador, rey»[i]. Asurbanipal estaba orgulloso de su imagen de cazador. Los relieves del palacio de Asurbanipal lo muestran matando a dieciocho leones, lo que quizá fuera un «número mágico», ya que Nínive tiene dieciocho puertas (un león podía proteger cada una de las puertas de la ciudad). Al parecer, Asurbanipal hizo construir una arena especialmente para la caza de leones. Es posible que los leones estuvieran sedados.

Asurbanipal también se presentaba como un erudito. Esto no era inusual en Asiria, puesto que los reyes tenían una buena educación y con frecuencia miraban al pasado como precedente para sus hazañas. La biblioteca de Asurbanipal en Nínive era impresionante. Había tablillas de arcilla y numerosas tablillas de cera. Estas últimas se perdieron en un incendio, pero el calor coció y conservó las tablillas de arcilla.

Aunque la biblioteca incluía el único texto completo de la *Epopeya de Gilgamesh*, sus documentos clave se referían a rituales, oráculos, presagios, astrología y adivinación. Estos textos proporcionaban materiales que podían apoyar la toma de decisiones del rey. Asurbanipal no solo disponía de textos astrológicos eruditos, sino que también patrocinó a astrólogos para que estudiaran y registraran los fenómenos celestes de una forma que podríamos llamar más científica.

La biblioteca también era multilingüe. Contenía textos asirios, la epopeya babilónica de la creación y textos en babilonio, asirio y la antigua lengua sumeria.

Asurbanipal fue el más erudito de los coleccionistas reales, pero heredó gran parte de su biblioteca de gobernantes anteriores, quizá ya de Ashur-uballit I. Tukulti-Ninurta I añadió textos babilónicos a la biblioteca, uno de los resultados de su conquista de Babilonia.

Aun así, la vida era buena para los asirios durante el reinado de Asurbanipal. Las excavaciones de la capital occidental de Dur-Katlimmu muestran cómo Shulmu-sharri, un hombre rico, disfrutaba de su vida en la Casa Roja, con sus cuatro patios, dos pisos, dos pozos y un eficaz

---

[i] Frahm, Eckart. *Assyria: The Rise and Fall of the World's First Empire*. Basic Books, Nueva York, 2023.

sistema de alcantarillado y drenaje. Tenía muchos esclavos y tres hijos adultos. A los cincuenta años, se convirtió en «compañero» de Asurbanipal, que era un representante acreditado del rey. Su casa da una buena idea del lujo en el que podían vivir los verdaderamente ricos del Imperio neoasirio.

Los comerciantes de Assur viajaban a lo largo del Tigris para comprar vino a Siria. Lo traían de vuelta en balsas hechas de madera siria y lo vendían por madera cuando llegaban a Asiria. Para entonces, Asiria poseía territorio desde el Mediterráneo hasta el golfo Pérsico; era la superpotencia sin rival de su época.

Pero esto no iba a durar. Quizá el cambio climático fuera en parte responsable; los rendimientos agrícolas volvieron a bajar y los elefantes se extinguieron en la región. Tal vez las purgas de Asarhaddón condujeron a un mal gobierno y a un declive de las infraestructuras públicas. La lista de años epónimos termina en 639, y hay una sorprendente falta de documentación para los últimos años del reinado de Asurbanipal, lo que sugiere que las comunicaciones se estaban rompiendo.

Quizás los delirios de grandeza eran los peores problemas con los que tenía que lidiar Asiria. La economía empezaba a tambalearse, pero Asurbanipal no prestaba atención. El precio de mercado del grano (calculado a partir de la comparación de una serie de documentos de transferencia) parecía haber sido más de mil veces superior al precio oficial. La escasez de grano y la elevada inflación obligaron a los pobres a vender a sus hijos o a darlos en prenda para obtener préstamos. Sin embargo, para los ricos y para el gobierno, la edad de oro seguía en pleno apogeo.

Así que, cuando las cosas iban mal, iban mal muy rápidamente.

En el 631 o 630 a. e. c., Asurbanipal murió o fue depuesto. De nuevo, la información es muy limitada; los registros no se mantenían al día en este momento. Su hijo, Assur-etil-ilani, le sucedió, y reinó durante tres años. Sinsharishkun, otro hijo de Asurbanipal, reclamó entonces el trono, pero esto fue disputado durante algún tiempo por el jefe de los eunucos, a pesar de que, según la tradición asiria, un eunuco era inelegible para gobernar.

Esta crisis de liderazgo dio a la facción antiasiria de Babilonia la oportunidad que necesitaba. Nabopolasar, cuyos orígenes se desconocen, tomó el trono de Babilonia y pasó a la ofensiva. Hubo una batalla a muerte entre Asiria y Babilonia.

Estas batallas podrían haber continuado indefinidamente, pero la llegada de una nueva potencia, los medos, al este, cambió las cosas. Las tribus iranias habían pasado 150 años viviendo como tribus fragmentadas, pero finalmente crearon una confederación capaz de trabajar unida en las campañas. En 614, capturaron Assur, incendiando la ciudad (así lo confirma el registro arqueológico). El templo de Assur, que daba legitimidad a los reyes de Asiria, fue destruido, al igual que las tumbas de los reyes.

Nabopolasar se alió rápidamente con los medos. Su objetivo era obvio: capturar la capital del Imperio asirio, Nínive.

En 612, Nínive cayó. El rey Sinsharishkun desapareció sin dejar rastro (se supone que murió en la batalla) y Nínive parecía haber sido abandonada. Los soldados que murieron defendiendo la puerta Shamash de la ciudad nunca fueron enterrados. Las imágenes de los reyes asirios fueron desfiguradas. Les arrancaron los ojos y les rompieron la nariz. La ciudad fue saqueada y luego destruida. Los ingenieros babilonios redirigieron los canales de Senaquerib para destruir los muros de adobe de la ciudadela. También Kalkhu fue completamente destrozada y luego abandonada. Se arrojaron cadáveres a los pozos para envenenar el agua y hacer inhabitable la ciudad. Las obras de irrigación fueron destruidas, haciendo imposible cultivar la tierra. Asiria estaba en ruinas.

Con Assur destruido, ningún nuevo rey podía ser investido legítimamente. Ashur-uballit II realizó su ceremonia de investidura en Harran en 612, pero parecía que muchos lo consideraban solo el príncipe heredero. Con el apoyo de Egipto, continuó un estado asirio en el exilio en Harran (muy al norte, en la frontera moderna entre Siria y Turquía). En el año 610, Babilonia consiguió tomar Harran, y la última inscripción que menciona a Ashur-uballit II data del año 609. Simplemente, desapareció de la historia después de esa fecha, y con él, el Imperio asirio llegó a su fin. Solo hicieron falta veintiún años tras la muerte de Asurbanipal para que el imperio llegara a su fin.

Nabopolasar y su hijo Nabucodonosor II deportaron a muchos asirios a Babilonia, adoptando la costumbre asiria del reasentamiento. El Imperio neobabilónico estaba en auge. Incluso consiguió derrotar a los egipcios.

Por extraño que parezca, el dios Assur seguía siendo venerado en su templo del peñasco que domina el Tigris bajo el imperio persa aqueménida, que vio un resurgimiento económico, aunque no político, en Asiria y más tarde bajo los partos. Solo hacia el año 240 e. c. los sasánidas capturaron y saquearon Assur, destruyendo finalmente el templo.

Capítulo 8: Diversidad lingüística

Asurbanipal afirmó en una ocasión: «Assur ha puesto a mi disposición todas las lenguas que se hablan de sol a sol»[i]. No exageraba esta vez, o al menos no mucho. Asiria fue un reino multilingüe desde el principio.

Asiria heredó una lengua clásica. El sumerio era una lengua aislada, lo que significa que no estaba relacionada con ninguna otra lengua. También fue la primera lengua escrita. Sin embargo, es importante darse cuenta de que nuestro conocimiento del sumerio se refracta a través del acadio. Incluso el nombre «sumerio» es acadio; la lengua era *emegir* o «lengua nativa» para sus hablantes.

Los caracteres cuneiformes en los que se escribió la lengua empezaron como pictogramas toscos. Después, las marcas se volvieron abstractas y en forma de cuña, hechas con un tipo de estilete de caña prensado en arcilla. Debió de ser bastante rápido de escribir, sobre todo en comparación con los jeroglíficos egipcios. Originalmente un sistema logográfico, en el que cada signo era una palabra, se convirtió en un sistema mixto en el que los signos podían utilizarse para sílabas individuales. Es similar al japonés moderno, que utiliza un silabario junto con los *kanji*, caracteres chinos que representan una palabra.

El proceso de desarrollo del cuneiforme se produjo lentamente a lo largo del tiempo, tardando al menos desde el siglo XXVIII (cuando se datan los primeros signos silábicos, pero son poco frecuentes) hasta el

---

[i] Frahm, Eckart. *Assyria: The Rise and Fall of the World's First Empire.* Basic Books, Nueva York, 2023.

siglo XXVI a. e. c. (cuando se hicieron relativamente comunes). Algunos signos también se utilizaban como determinativos tácitos, es decir, signos que denotaban qué tipo de cosa describía la palabra. Por ejemplo, los nombres de los dioses recibían una estrella.

El cilindro de Rassam, un documento histórico cuneiforme [14]

La elaboración de listas era una obsesión de la cultura de los escribas sumerios, y siguió siendo también una faceta importante de la cultura mesopotámica postsumeria. Había listas de árboles, listas de animales, listas de profesiones, etc. Muchas de estas listas se seguían copiando cientos de años después de que el sumerio se hubiera extinguido como lengua hablada.

Los himnos a menudo permanecían en sumerio, incluso en una fecha tardía, aunque para entonces ya se habrían vuelto poco conocidos. Esto es similar a la forma en que se utilizó el latín hasta los años 50 en la misa católica. Para ayudar a los sacerdotes que no dominaban el sumerio, algunos textos tenían una traducción en asirio insertada entre líneas.

Sin embargo, el dominio del sumerio escrito era esencial para los eruditos. «¿Qué clase de escriba es el que no sabe sumerio?», pregunta un texto escrito hace cuatro mil años[i].

La siguiente lengua en llegar fue el acadio. Se trataba de una lengua semítica, como el hebreo, el árabe, el arameo y algunas de las lenguas etíopes (tigriña y amárico). No tenía ninguna relación con el sumerio. Los documentos asirios antiguos suelen estar escritos en acadio.

Tanto el asirio como el babilonio se desarrollaron a partir del acadio, y ambas lenguas se describen a veces como dialectos acadios. Son similares pero distintas. Ambas lenguas utilizaban la escritura cuneiforme, aunque las escrituras no son exactamente iguales. Un experto puede distinguir fácilmente las dos lenguas solo por la escritura, sin necesidad de leer las palabras. La escritura babilónica era menos legible que la asiria, más regular. Asurbanipal hizo copiar varios textos babilónicos en la escritura asiria.

Leer cuneiforme sigue siendo un reto. Diferentes signos pueden tener el mismo valor fonético, algo así como que «gh», «f» y «ph» pueden leerse todos como «f» (como en las palabras «suficiente», «fin» y «fonético»). Sin embargo, un signo puede tener múltiples lecturas. La capacidad de utilizar signos para conceptos, palabras y sonidos continúa. Curiosamente, el cuneiforme se hizo más complejo durante el periodo asirio medio y aún más durante el periodo neoasirio, quizás debido al hecho de que los escribas altamente educados sintieron la necesidad de subrayar la importancia de su profesión.

Durante el periodo asirio medio, el babilonio —la más prestigiosa de las lenguas— se utilizaba a menudo para los textos oficiales. Bajo Tukulti-Ninurta II, las inscripciones se escribieron en un dialecto asirio, evitando las palabras y frases babilónicas. Esto constituyó una fuerte afirmación de la identidad nacional mientras Asiria luchaba por salir de tiempos caóticos. Evidentemente, la lengua fue un arma en las guerras culturales entre Babilonia y Asiria.

---

[i] Crawford, Harriet. *The Sumerian World.* Routledge, Londres y Nueva York, 2013. Pág. 95.

Durante el periodo de la antigua Babilonia, el sumerio permaneció como la lengua literaria y erudita. Se han encontrado varias tablillas bilingües, como una lista de nombres geográficos tanto en sumerio como en acadio o asirio, de la que los escribas aprenderían su oficio o que podrían utilizar como referencia.

Durante el I milenio a. e. c., las cosas cambiaron. El asirio continuó siendo la lengua oficial, pero el arameo (otra lengua semítica) se convirtió en la lengua de la vida cotidiana. Su uso comenzó como lengua comercial y luego se extendió por todo el imperio. Sin embargo, sobreviven muy pocos registros escritos de la época asiria en arameo. Hay una razón para ello. Los textos asirios se escribían en tablillas de arcilla, pero el arameo se escribía en hojas de cuero o papiro. La mayoría de los textos arameos que tenemos proceden de épocas muy posteriores y se conservaron en el desierto de Judea, no en Mesopotamia.

Es interesante que varios relieves muestren parejas de escribas. Uno de ellos aparece escribiendo con una pluma sobre un pergamino y el otro con un estilete sobre una tablilla. La tablilla podía estar hecha de arcilla para un registro permanente o de cera para anotaciones o cálculos temporales que luego podían borrarse. (Los soportes de cera sobrevivieron en unos pocos casos, y los más lujosos estaban tallados en marfil, pero la cera que contenían se destruyó con el tiempo).

El arameo, a diferencia del asirio, se escribía en una escritura alfabética que descendía del alfabeto fenicio y se escribía de derecha a izquierda (el asirio iba de izquierda a derecha). El arameo sigue siendo hablado en la actualidad por los cristianos asirios en Oriente Próximo y en la diáspora asiria. Confusamente, se le denomina «asirio moderno». Está muy lejanamente emparentado con el asirio de la época de Asurbanipal; sería similar a la relación entre el alemán y el inglés americano moderno.

Una tablilla hallada en Nínive contiene las especulaciones de un escriba sobre las formas originales de los caracteres cuneiformes asirios posteriores. No son correctas, pero demuestran que los asirios eran conscientes de la larga historia de su lengua y estaban interesados en descubrir más sobre ella.

El arameo no se encuentra a menudo en los monumentos, pero el palacio de Salmanasar III tiene caracteres arameos pintados en los ladrillos vidriados, probablemente como guía para saber dónde debían ir los ladrillos. Es posible que los albañiles, o al menos el jefe de obra, supieran leer o al menos identificar los caracteres arameos, pero no los cuneiformes. A menudo se adjuntan resúmenes en arameo a los textos formales asirios relativos a los contratos de venta de propiedades, y las tablillas de arcilla en arameo se utilizaban como pagarés o notas de deuda.

La alfabetización parece haber estado muy extendida. Muchos adultos libres y algunas mujeres sabían leer. Había más personas alfabetizadas en el Imperio asirio que en la mayoría de las sociedades de la época. La alfabetización básica podía lograrse con el conocimiento de solo 80 a 120 caracteres cuneiformes en la época asiria antigua; las personas que aprendían otras escrituras de Oriente Próximo tenían que aprender muchos más caracteres. En Egipto, el uso de jeroglíficos limitaba la alfabetización a un porcentaje muy pequeño de la población. Se necesitaban al menos 750 jeroglíficos, incluso para una comunicación básica.

Las excavaciones han encontrado tablillas cuneiformes en aproximadamente un tercio de las casas particulares de Assur. A menudo se trata de documentos comerciales, pero también se han encontrado textos religiosos y literarios. La alfabetización estaba muy extendida en otras ciudades del imperio, tanto en escritura cuneiforme como en escritura alfabética aramea.

Los reyes no solo leían, sino que a menudo tenían ediciones de libros eruditos en sus bibliotecas personales. Aunque Asurbanipal quizás no era tan gran erudito como creía, los reyes tenían la suficiente cultura como para hacer uso de ella. Asarhaddón, por ejemplo, escribía frecuentemente a sus eruditos para que le aclararan pasajes complicados o posibles malentendidos y ambigüedades. Era evidente que prestaba mucha atención a los textos que leía.

En los imperios asirio y babilónico existía un gran respeto por la palabra escrita y se utilizaba para lograr la permanencia. Por ejemplo, el Código de Hammurabi se inscribió en una estela y se copió con frecuencia. De hecho, copiar el código se convirtió en parte del plan de estudios habitual de los escribas en formación, práctica que aún se mantiene mil años después. (Había una copia del Código de Hammurabi en la Biblioteca de Asurbanipal).

En el palacio de Asurbanipal II, cada uno de los paneles en relieve tiene la parte central de la escultura sobrescrita con lo que se ha dado en llamar la «inscripción estándar», que alaba al rey como rey del mundo, sacerdote y gobernante elegido por los dioses. La inscripción está recortada en el relieve, por lo que es evidente que se hizo después de tallar el relieve. El relieve se habría considerado incompleto sin ella. (Hoy en día, seríamos más propensos a pensar que una escultura se ha estropeado si hubiera algo escrito sobre ella).

Sin embargo, aunque existía un inmenso respeto por la palabra escrita en Asiria, parece que había menos respeto por los escribas profesionales. Nunca ganaron tanto dinero como los comerciantes. Un texto dice: «La casa del escriba jefe es miserable, ¡ni un burro entraría en ella!»[i].

Por último, cabe destacar que, sobre todo en el Imperio neoasirio, a menudo conocemos a los reyes por la versión hebrea de sus nombres, no por sus nombres reales de reyes. Tiglat-Pileser, por ejemplo, fue nombrado en asirio como Tukulti-apil-Esharra, «Confío en el hijo de Esharra» (el dios Ninurta, hijo de Assur, cuyo templo se llamaba Esharra —«templo del mundo»).

Salmanasar era un nombre que solo se daba a los reyes y es posible que lo tomara solo después de llegar al poder. A Salmanasar V se lo llamaba Ululayu cuando era príncipe. De nuevo, Salmanasar es la versión bíblica; el nombre asirio habría sido Shalmanu-ashared, «Shalman es el primero» o «el amistoso es el primero», posiblemente refiriéndose a una manifestación de Assur. (Curiosamente, el nombre parece estar relacionado con el nombre hebreo Salomón).

En general, se considera que el asirio es una lengua muerta. Sin embargo, el babilonio aún no ha muerto del todo. La primera película en babilonio se estrenó hace apenas unos años. «El pobre de Nippur» fue realizada en 2018 por el Departamento de Asiriología de la Universidad de Cambridge y cuenta la cómica historia de un pobre que se venga del perezoso y sórdido alcalde de su ciudad. Esta historia se encontró en una tablilla de arcilla que data de alrededor del año 710 a. e. c. Si desea verla, está en YouTube y cuenta con una cabra bastante adorable (aunque condenada al fracaso), ¡así como algunas bofetadas dignas de un Oscar!

---

[i] Elayi, Josette. *Esarhaddon, King of Assyria*. Lockwood Press, Columbus, Georgia, 2023.

Capítulo 9: Religión y creencias

La religión asiria tenía mucho en común con las religiones del resto de Mesopotamia, aunque algunos detalles difieren. Era una religión politeísta en la que muchos dioses estaban asociados a fenómenos naturales (sol, luna, tormentas, etc.) o a lugares concretos.

Uno de los grandes temas de la religión en Mesopotamia era el conflicto entre el caos y el orden. El caos es lo que había antes del mundo. A menudo se describía como un abismo profundo o una oscuridad total. La gente lo veía como una amenaza que había que domar. En el mito babilónico de la creación, el caos estaba representado por Tiamat, diosa del mar, que dio a luz a monstruos hasta que fue asesinada por el dios Marduk. Tras dividirla en dos, Marduk separó el cielo y la tierra, creando orden a partir del caos. Convirtió sus costillas en la bóveda celeste y sus ojos derramaron lágrimas que se convirtieron en el Tigris y el Éufrates. (En las versiones asirias, es Assur quien mató a Tiamat).

La figura del rey matando a un león es frecuente en el arte asirio, ya que formaba parte del sello real. Se trata de una reproducción de la batalla entre el caos y el orden, y recrea escenas de los dioses matando a criaturas monstruosas.

El mito del Gran Diluvio, similar al diluvio al que se enfrentó Noé en la Biblia, se encuentra en la mitología sumeria y sin duda era conocido por los asirios. Al igual que Tiamat, el Gran Diluvio simbolizaba el poder destructivo del agua. Quizá la destrucción de Babilonia por Senaquerib abriendo las compuertas pretendía reflejar el mito del diluvio.

Los demonios y los monstruos eran fuerzas del caos siempre presentes, contra las que había que buscar la protección de los dioses o los espíritus guardianes. Los grandes toros alados con cabeza humana llamados *lamassu*, por ejemplo, no solo formaban impresionantes entradas al palacio de un rey. También actuaban como protectores mágicos. Además, se podían utilizar encantamientos para ahuyentar a los demonios.

Lamashtu era una encarnación del caos. Este demonio tenía cabeza de león, garras de pájaro y cuerpo de mujer y pechos caídos. Lamashtu mataba a los niños pequeños y a veces mataba a las madres durante el parto. Para protegerse de ello, las futuras madres hacían figuras de arcilla de Lamashtu y las enviaban por el Tigris para «ahuyentarla».

Pazuzu era el rey de los demonios del viento. Tenía cara de león, y manos y pies con garras. Sin embargo, se lo podía utilizar como fuente de magia buena, y su figura se esculpía a menudo en amuletos. Otros protectores eran Ugallu, «gran león», y el urmahlullu, «hombre león», que llevaba cuernos de toro en la parte delantera del casco como símbolo divino. Los lahmu eran representados como hombres barbudos con el pelo en ondulantes tirabuzones. Las imágenes de Lahmu llevan inscrita la frase: «¡Entra, espíritu de paz; sal, espíritu del mal!». Los Apkallu llevaban capas de piel de pez y una cabeza de pez como casco. A veces tenían cabezas y alas de pájaro. Eran espíritus protectores a pesar de su aspecto monstruoso.

La importancia de los demonios hizo del exorcismo un procedimiento habitual en Asiria, ya que las enfermedades podían estar causadas por demonios o magia maligna. El rey tenía su propio exorcista, lo que los asirios no habrían considerado más extraño que el hecho de que un director general tenga hoy en día un terapeuta.

La magia era practicada por los *mashmashu* o *ashipu*. Los conjuros y hechizos mágicos se han conservado en escritos. Se podían llevar amuletos o colgarlos en la pared de una casa, y a menudo se enterraban figuras mágicas en los cimientos. Los perros de arcilla eran figuras comunes en los cimientos; quizá representaban la naturaleza protectora de los perros guardianes. Quemar una figurilla podía considerarse una forma de magia. Se podían utilizar encantamientos para librarse de la brujería o de los malos espíritus.

Los asirios creían en una especie de vida después de la muerte. El inframundo era el lugar donde residían todos los muertos, virtuosos o no. Los muertos comían polvo y eran ciegos e impotentes. No había cielo ni infierno. Todos los humanos eran mortales y tenían los días contados. Esta perspectiva debía de ser algo deprimente.

Aunque no había paraíso que esperar, tener un entierro decente era sumamente importante, en parte para garantizar que los muertos fueran felices y no regresaran como fantasmas vengativos. (Una leyenda judía cuenta que el hijo del monarca babilonio Nabucodonosor cortó su cuerpo en trescientos pedazos y se los dio de comer a los pájaros para asegurarse de que nunca regresaría). Las casas y los palacios tenían cámaras funerarias en el sótano. Normalmente, eran cámaras abovedadas con escalones hacia abajo para poder visitar a los muertos y darles ofrendas. Los ajuares funerarios incluían cartas y otros documentos, joyas, peines y alfileres de marfil y recipientes de piedra tallada.

Lo distintivo de Asiria era el dios Assur, el gobernante de la ciudad que tomó su nombre. A diferencia de la mayoría de los dioses mesopotámicos, no tenía (originalmente) esposa ni hijo. Ni siquiera se lo mostraba en forma humana; se lo identificaba con la roca sobre la que estaba construido su templo. A veces se lo conocía como «señor de la montaña». En cambio, todos los dioses babilónicos están relacionados entre sí. También todos simbolizan aspectos particulares de la vida, mientras que Assur era, simplemente, el poder de la ciudad, nada más. No tiene historia; es solo un dios de poder y omnipotencia.

El dios Assur en un disco alado [15]

Otras ciudades tenían sus propias deidades. Babilonia tenía al dios Marduk, Nippur al dios Enlil y Arbela a la diosa Ishtar. A medida que Asiria se expandía, se entregaba al «secuestro de dioses», apoderándose de las estatuas de culto de dioses extranjeros y trasladándolas a Assur en un equivalente sobrenatural del reasentamiento de poblaciones conquistadas[i]. Existía incluso un directorio divino de Assur que indicaba a los sacerdotes dónde podían encontrar al dios correspondiente; era una especie de guía telefónica de los dioses.

El templo de Assur se llamaba «Toro Salvaje» en tiempos de Erishum I, lo que sugiere que Assur podría haber sido identificado originalmente con ese animal. Assur fue representado en un sello como una roca de cuatro patas con cabeza de toro. No se le concedió un templo fuera de la ciudad de Assur; en cambio, sus armas eran veneradas como la «espada de Assur».

El rey desempeñaba un papel importante en el culto a Assur, ya que era el único intermediario para su pueblo. Todos los himnos y oraciones a Assur mencionan al rey de forma destacada. No ocurría lo mismo, por ejemplo, con Ishtar, que no era un dios estatal de Asiria.

Bajo Shamsi-Adad I, Assur llegó a confundirse con Enlil de Nippur, la deidad principal del panteón sumerio. Enlil era conocido como «toro salvaje» y «gran montaña». Ambos epítetos podían aplicarse también a Assur. Eamkurkurra, «templo del toro salvaje de todas las tierras», era el nombre del nuevo templo que erigió Shamsi-Adad. (De forma similar, Hammurabi elevó de categoría al dios de la ciudad de Babilonia, Marduk, al afirmar que Enlil había transferido sus poderes a Marduk).

Al menos desde la época de Shamsi-Adad, el palacio y el templo de Assur estaban conectados. Otros dioses, sin embargo, eran venerados al otro lado del palacio, hacia la ciudad. Incluso después de que la residencia real se trasladara a Kalkhu y más tarde a Nínive, los reyes de Asiria volvían a Assur para la fiesta de primavera. Cuando morían, eran enterrados bajo el antiguo palacio real. La forma en que los reyes confiaban en Assur es fácil de ver en la siguiente inscripción.

«Senaquerib el gran rey, rey poderoso, rey del mundo, rey de Asiria, rey de los cuatro confines, el guerrero sabio, experto y heroico, el primero entre todos los gobernantes, el

---

[i] Radner, Karen. *Ancient Assyria: A Very Short Introduction.* Oxford University Press, Oxford, 2015.

freno que refrena a los desobedientes y el que hiere al enemigo con el rayo. Assur, el gran dios, me dio una realeza sin rival; contra todos los que se sientan en tronos hizo fuertes mis armas; desde el mar superior hasta el mar inferior, hizo que todos los gobernantes del mundo se postraran a mis pies»[i].

La gran diosa pudo haber sido la principal divinidad adorada en todas las ciudades asirias en una fecha temprana. Sin duda era muy conocida en Sumeria, donde se la llamaba Inanna. Se convirtió en Ishtar en el panteón acadio. En Babilonia, se la conocía como «Ishtar, la asiria», y era la diosa de la furia, de la batalla y del deseo sexual. A veces se la llamaba «la espléndida leona».

La diosa Ishtar mostrada en un sello acadio[16]

---

[i] Cotterell, Arthur. *The First Great Powers: Babylon and Assyria.* Hurst & Company, Londres, 2019. Pág. 121.

Otros dioses fueron los siguientes:

- Adad, el dios del tiempo o de la tormenta, que a veces se representa con un triple rayo. Era hijo de Anum, el dios del cielo. Era mucho más importante en las secas estepas de Asiria que en Babilonia, que no dependía de la lluvia para la producción agrícola.
- Sin, el dios de la luna.
- Shamash, el dios del sol. Como veía todo lo que ocurría cada día, también era el dios de la justicia. Se lo conocía como Utu en sumerio.
- Nabu, el dios de la escritura y de los escribas. Era más conocido en Babilonia que en Asiria.
- Ninurta comenzó como dios sumerio del grano. En Asiria, se convirtió en un dios guerrero y, como tal, era a menudo el patrón del rey. Ninurta abatió al águila del caos Anzu, que había robado las tablillas del destino en las que Enlil apoyaba su autoridad.

Los dioses requerían el servicio de sus adoradores, incluidos sacrificios y libaciones. Incluso los templos más antiguos de Asiria contaban con una pila de sangre, recipientes de libación en los que se podía verter cerveza, incensarios de arcilla y cuencos para sacrificios. Trigo, cebada, sésamo, fruta y miel eran presentados a los dioses, así como carne por sacerdotes ritualmente puros que estaban bien afeitados (a diferencia de otros hombres, en particular el rey).

Se han encontrado menús para los dioses en tablillas de arcilla, que muestran lo lejos que se obtenían algunos de los alimentos. Puesto que el trabajo de todos debía nutrir a los dioses, cada ciudad y provincia asiria debía enviar productos para las ofrendas, lo que se convertía en un acto de sacrificio colectivo. Una vez que los dioses se habían nutrido de los aromas, los alimentos se repartían entre los presentes. Se consideraba que estos alimentos tenían un inmenso poder. «Quien coma las sobras vivirá»[i].

---

[i] Radner, Karen. *Ancient Assyria: A Very Short Introduction.* Oxford University Press, Oxford, 2015.

Casi todos los rituales habrían incluido cerveza, asociada a las divinidades desde tiempo muy remoto; la embriaguez se consideraba un estado divino.

Las estatuas votivas datan de la época sumeria, pero también se han encontrado en templos asirios. Estas figurillas de adoradores con las manos cruzadas y los ojos enormes se colocaban probablemente sobre bancos de adobe en los lados largos del santuario para representar a sus dueños en permanente e incesante oración. La estatua de culto del dios se habría colocado en un nicho alto y profundo frente a la entrada, una disposición que se encontró en el templo más antiguo de Assur y que no parece haber cambiado mucho a lo largo de los siglos. En el Imperio neoasirio, los gobernantes todavía colocaban sus estatuas en una posición tal que pudieran adorar al dios en el templo.

El uso de oráculos y la adivinación es una característica de la religión mesopotámica. Los presagios no eran absolutamente determinantes; sin embargo, eran un indicador de un elevado nivel de riesgo, que podía evitarse tomando medidas o mediante rituales o magia. Radner ha señalado que en una monarquía absoluta, la respuesta de un oráculo a una pregunta habría sido una forma útil de crear debate[i].

Las consultas podían dirigirse a Shamash o Adad de varias maneras. El extispice —la adivinación mediante el examen de los órganos internos de animales sacrificados— se utilizaba a menudo. Los arqueólogos han encontrado varios modelos de hígados de animales que fueron marcados para que los adivinos en formación pudieran practicar sus interpretaciones.

Otros métodos eran la astrología, el estudio del tiempo, la interpretación de los sueños, observar el humo del incienso o echar suertes. Se podía recurrir a la nigromancia (hacer preguntas a los muertos), pero se consideraba arriesgado. La importancia de la astrología fue una de las principales razones del desarrollo de las matemáticas avanzadas; los sumerios utilizaban tanto el sistema decimal como el sexagesimal (base sesenta), y los asirios disponían de tablillas de inversos, raíces cuadradas y raíces cúbicas.

---

[i] Radner, Karen. *Ancient Assyria: A Very Short Introduction*. Oxford University Press, Oxford, 2015.

La observación precisa de la naturaleza era importante. Por ejemplo, se hacían tablillas del cambio diario de la duración de la visibilidad de la luna durante el mes lunar del solsticio de invierno.

Como era de esperar en una cultura con gran aprecio por la palabra escrita, las preguntas solían formularse por escrito. Una tablilla conservada muestra a Asarhaddón preguntando a Shamash si el nombramiento de Sin-nadin-apli como príncipe heredero era aceptable y agradable para el dios. También recurrió al extispice para seleccionar los talleres artesanales que debían recibir encargos para reconstruir los templos babilonios.

Incluso el ritual de coronación se puso por escrito. Una tablilla del siglo XII o XI a. e. c. describía la procesión del monarca hasta el templo de Assur, donde se hacía la proclamación «¡Assur es rey!». Tras esto, se dirigieron al rey. «Que Assur ponga la corona sobre tu cabeza durante cien años». Al final del rito, los funcionarios de la corte entregaron sus emblemas de poder, y el rey les dijo que reanudaran sus cargos, asegurando así el buen funcionamiento ininterrumpido de la administración pública. Es una visión fascinante de cómo los aspectos religiosos y burocráticos del Imperio asirio funcionaban de forma complementaria para garantizar la continuidad del Estado.

Capítulo 10: Arte y arquitectura

Asiria desarrolló una forma muy estilizada de arte y arquitectura que pretendía glorificar a sus reyes y dioses. El arte pretendía transmitir un mensaje sobre el poder y la riqueza del rey, así como impresionar a los asirios y a los visitantes de fuera del imperio.

Los edificios se construían con adobe. No había otra opción viable, ya que Asiria tenía pocos árboles y muy limitados recursos de roca para construir. La construcción con ladrillos de barro se presta a la acreción (añadir o cubrir capas anteriores). En algunos yacimientos se han excavado numerosas capas diferentes bajo un mismo templo.

La principal limitación del tamaño de los edificios era la luz de las vigas del techo que podían importarse. Solo las habitaciones más pequeñas podían ser abovedadas. Las vigas se apoyaban a veces en puños de madera recubiertos de terracota o bronce («manos de Ishtar»), que, curiosamente, tenían cinco dedos pero no pulgar. Los portones y las puertas eran de madera y estaban recubiertos de bandas metálicas, que podían estar muy decoradas como las puertas Balawat de Salmanasar III.

A la deslumbrante luz del sol de Mesopotamia, las estancias altas y relativamente estrechas solían estar iluminadas solo por los umbrales de las puertas. Esto, junto con los límites de las luces de los tejados, significaba que la mayoría de los palacios estaban formados por varios patios con grandes extensiones de pared desnuda. Las paredes exteriores se enlucían a menudo con yeso para que brillaran de un blanco resplandeciente. Los muros interiores estaban decorados con ladrillos vidriados, pintura y relieves de piedra. Quedan restos de pintura en algunos de los frisos de piedra tallada que se conservan de los palacios reales.

El palacio habría parecido una masa larga y horizontal. Probablemente, era considerablemente más alto que otros edificios seculares de la ciudad. Sin embargo, los zigurats, desarrollados por primera vez por los sumerios, introdujeron un enfoque más vertical. Al ser macizos (rellenos de ladrillos de barro sin cocer), su tamaño no estaba limitado del mismo modo que el de los edificios palaciegos. Los contrafuertes en los muros y las rampas y escaleras de acceso a los pisos superiores creaban fuertes acentos que enfatizaban aún más su volumen.

Los palacios reales de la época de Asurnasirpal II fueron evidentemente diseñados para impactar a los visitantes. Los relieves, tallados en paneles de piedra que debieron de ser importados con cierto gasto, habrían estado originalmente pintados, al menos parcialmente. El mármol blando de Mosul —en realidad una especie de yeso—es fácil de trabajar, pero se endurece tras la exposición, lo que permitió a los escultores asirios crear obras muy detalladas. En algunos de los relieves, finas decoraciones están incisas en las ropas para mostrar los patrones textiles de un brocado. Hay motivos florales en el borde de la manga. Una túnica real está decorada con esfinges, toros alados, árboles de la vida y la escena arquetípica del rey matando a un león.

Los temas de las esculturas incluían escenas de rendición de pueblos sometidos, batallas y entrega de tributos, con una audiencia real. El civismo asirio se mostraba como la garantía del orden en un mundo caótico. En las escenas de batalla, se permite que estalle el caos, pero el orden es restablecido por el rey, al que se representa en presencia del dios Assur y sus espíritus protectores.

El palacio de Asurbanipal contaba con súbditos particularmente salvajes. Las escenas de la batalla del río Ulai contra los elamitas muestran a un soldado cercenando la cabeza de Teumman de Elam mientras otro hombre recoge el sombrero real, que ha caído al suelo. Una escena posterior muestra a un soldado asirio agitando la cabeza desde un carro. Otra escena muestra a Asurbanipal descansando en un sofá y a su esposa, Assur-Sharrat, bebiendo con él en el jardín, lo que constituye una escena muy civilizada y de gran aplomo. Sin embargo, a la izquierda, una mirada atenta detectará la cabeza cortada del rey Teumman colgando de las ramas de un árbol.

El banquete de Asurbanipal[17]

Se desarrollaron una serie de convenciones. Por ejemplo, un enemigo caído (o un león o un toro) se mostraría bajo las ruedas del carro del rey. Se utilizaba una extraña forma de perspectiva, en la que las piernas y la cabeza se mostraban de perfil, pero la mitad superior del cuerpo de frente. Las ciudades se mostraban como una serie de torres o contrafuertes almenados. Las murallas de las ciudades eran un signo de civilización y orden, así como una forma práctica de defensa.

A veces, las convenciones tenían un mensaje político. En ninguno de los relieves de Sargón aparecen carros o caballería enemigos, a pesar de que sus enemigos sí disponían de estos recursos. Los relieves mantienen la idea de la superioridad tecnológica y militar de Asiria.

El rey siempre se mostraba como un hombre perfecto en la flor de la vida. Los músculos de brazos y piernas eran exagerados en la escultura asiria, y esto ocurría tanto en los animales como en los hombres. La larga y rizada barba del rey está cortada a escuadra en la parte inferior, y su largo y rizado cabello le llega hasta los hombros. Siempre es una figura de poder y, en las escenas narrativas, siempre lleva la barba más grandiosa. Otros nobles llevan barbas más cortas. Solo los hombres muy jóvenes y los eunucos aparecen con el rostro bien afeitado.

Pero quizá las figuras arquetípicas del arte asirio sean los colosales toros y leones alados que custodian las puertas de los palacios. Normalmente, estaban hechos de una sola pieza de piedra y podían pesar hasta treinta toneladas cada uno. Un relieve de la época de Senaquerib muestra cómo eran arrastrados en trineos por equipos de cientos de hombres.

A pesar de la aparente similitud de los relieves asirios, los entendidos han detectado algunas diferencias entre el arte de los distintos reyes. Las obras realizadas para Asurnasirpal son impresionantes y detalladas en alto relieve y muy seguras técnicamente, mientras que Tiglat-Pileser III encargó obras algo menos impresionantes en bajo relieve, pero con composiciones mucho más variadas y narraciones más detalladas. Una sala, en particular, mostraba todos los acontecimientos principales del reinado de Tiglat-Pileser; efectivamente, era una historia gráfica de sus logros. Sin embargo, casi toda la obra asiria muestra una aversión al espacio vacío. Los detalles siempre se rellenan; por ejemplo, en el arte asirio se pueden encontrar las ondas en espiral de un río, los juncos de las marismas o la textura de la tela.

El arte monumental del Imperio asirio es bien conocido, ya que fue el centro de las primeras investigaciones arqueológicas. Como muchos relieves llegaron a lugares como el Museo Británico, el Louvre y el Museo Metropolitano de Arte, es bastante accesible; no hace falta ir a Irak para verlos. En excavaciones posteriores se encontró arte más íntimo, como bronces, joyas de oro, marfiles y piezas de mobiliario, pero mucho de esto se ha quedado en Iraq. Algunas de estas piezas también se han perdido, gracias al saqueo del Museo de Irak en 2003, aunque algunos objetos se han encontrado en el mercado del arte y se han devuelto a Irak.

Los marfiles tallados eran un lujo que los asirios adoraban. Max Mallowan encontró un gran número en Nimrud (llamados los marfiles de Nimrud), entre ellos algunas tallas a gran escala fascinantes y llenas de vida. Muchos fueron realizados fuera de Asiria, en Fenicia o en Egipto, o por artesanos fenicios y egipcios que se habían trasladado a Asiria. Curiosamente, cuando los medos destruyeron Kalkhu, no tenían ni idea de que el marfil era valioso. Arrancaron la lámina de oro que originalmente cubría muchos de los marfiles y luego arrojaron las piezas destrozadas a un pozo.

Una obra maestra de marfil del palacio de Kalkhu [18]

Otro bien de lujo era el vidrio. En la primera época, no se soplaba, sino que se construía alrededor de un núcleo que luego podía extraerse. Más tarde, se fundía en moldes y luego se acababa esmerilándolo y puliéndolo, como si fuera piedra.

Una última forma artística típica de Mesopotamia es el sello. En la prehistoria, los amuletos de piedra se prensaban sobre arcilla para atestiguar la propiedad y la integridad de los paquetes de mercancías. El sello cilíndrico, que se enrollaba sobre arcilla para crear un panel rectangular, se desarrolló hacia el 3500 a. e. c. Su uso se extendió con la introducción de la escritura cuneiforme y el uso de tablillas de arcilla, que podían sellarse del mismo modo que firmaríamos una carta o un documento.

Sin embargo, cuando se generalizó el uso del arameo, el sello cilíndrico dejó de ser tan útil. Se crearon los sellos de timbre, que permitían sellar rollos de cuero o papiro. Los sellos reales muestran al rey apuñalando a un león. Los sellos cilíndricos mostraban más bien una serie de figuras diminutas, como toros alados, diosas (rodeadas de estrellas, su *melammu* o resplandor divino) y dioses, símbolos de dioses (como el disco alado o el rayo) y escenas de culto. El trabajo en los sellos cilíndricos puede ser increíblemente detallado. Un pequeño sello de cuatro centímetros de altura puede mostrar cuatro o cinco figuras distintas.

Había otra forma de arte en la que los asirios eran expertos: el arte de la guerra. Ningún libro sobre los asirios estaría completo sin una mención del equipamiento militar y las tácticas de batalla asirias, que fueron remodelados varias veces para adaptarse a las nuevas condiciones del campo de batalla.

Una de las armas más importantes era el arco compuesto, que medía algo más de un metro. Como estaba hecho de diferentes maderas con distintas características de compresión y liberación, daba mayor fuerza a la flecha que un arco simple. Los arqueros solían ir montados, no sobre un caballo, sino sobre un carro. Dado que un arco requiere ambas manos, el carro era un equipo de dos hombres, con un conductor que acompañaba al arquero que luchaba. (El arquero habría sido el de mayor estatus, como puede verse en los relieves con el rey luchando desde un carro).

Los carros eran maniobrables en las tierras llanas de Mesopotamia. (Más tarde, cuando los asirios empezaron a luchar en las tierras más quebradas del Levante y en las marchas iraníes, adoptaron la caballería. Pero incluso al principio utilizaban equipos, en los que un hombre controlaba los dos caballos y el otro disparaba). Los carros se utilizarían al principio de un enfrentamiento para estrellarse contra el enemigo, debilitando la línea defensiva y abriendo las filas del ejército contrario. La infantería asiria penetraría entonces por los huecos.

Los carros siguieron mejorándose a lo largo del periodo neoasirio. Se hicieron más pesados y grandes para que pudieran transportar a tres y, con el tiempo, a cuatro hombres. En tiempos de Asurbanipal, eran tan fuertes y estaban tan blindados que eran como tanques tirados por caballos.

Los asirios se reconocen generalmente en los relieves por su panoplia de cascos cónicos. Llevaban cotas de malla de placas metálicas dispuestas como escamas de pescado sobre cuero y un escudo. El escudo podía ser redondo y de madera con un saliente metálico. Podía ser convexo y estar hecho de juncos atados con cuero o duelas de madera, que podían cubrir las piernas de un hombre hasta la cintura. O los escudos podían ser cónicos; estos eran utilizados principalmente por la escolta del rey.

La infantería utilizaba generalmente lanzas y picas, pero disponía de una espada o daga para la lucha cuerpo a cuerpo. Se han encontrado cabezas de maza ceremoniales, pero estas quedaron obsoletas en el Imperio asirio medio, ya que las cabezas de maza de porcelana ciertamente no podrían haberse utilizado en la guerra; se habrían hecho añicos. Debieron de llevarse con fines puramente ceremoniales, igual que los oficiales de la marina estadounidense llevan espadas hoy en día.

La guerra de asedio era una especialidad asiria, aunque no disponían de artillería y tenían que operar a corta distancia. Los relieves muestran una plétora de diferentes tipos de arietes, máquinas de asedio y torres de asedio móviles, que proporcionaban una plataforma desde la que disparar a los arqueros, así como una posible base de asalto. Los frisos del palacio muestran a soldados asirios subiendo escaleras para asaltar las murallas. En el palacio de Senaquerib, el asedio de Laquis ocupa más de 180 metros cuadrados de muralla.

Se utilizaron la perforación y la excavación de túneles, y el desvío de canales de agua fue otra técnica frecuente.

Una máquina de asedio asiria ataca la muralla de una ciudad [19]

En Tell el-Duweir, el emplazamiento de Laquis, hay pruebas de un incendio enorme y de una rampa de asedio asiria construida en piedra. Se dejaron puntas de flecha y piedras de honda donde cayeron.

El costo de semejante asedio era muy elevado. En su mayor parte, los asirios habrían intentado conseguir una rendición negociada. Se harían promesas de amnistía, similares a la oferta de Senaquerib a los hebreos. Estas promesas siempre se cumplían, por lo que los enemigos sabían que podían confiar en ser bien tratados si se rendían. Entonces, los asirios destruían los huertos, las plantaciones y las obras de irrigación alrededor de la ciudad. Los árboles tardan mucho tiempo en volver a crecer, por lo que el futuro a largo plazo de la ciudad estaba en juego. Por último, los asirios podrían ejecutar a los rehenes —generalmente por empalamiento— públicamente bajo las murallas. La mayoría de los asedios no llegaban tan lejos.

Al principio, pertenecer al ejército asirio era un asunto estacional. El ejército no podía hacer campaña cuando había trabajos agrícolas que realizar, y los hombres tenían que reunirse en Assur antes de partir. Sin embargo, el Imperio neoasirio introdujo un ejército permanente, lo que supuso una enorme diferencia en la capacidad de hacer campaña de Asiria. Desde entonces, el ejército podía hacer campaña todo el año, permitiendo operaciones a larga distancia tan lejanas como Egipto.

Otro gran cambio en el Imperio tardío fue el uso de tropas auxiliares de las regiones sometidas, que se distinguen por su vestimenta, peinados y armas en los relieves. Los honderos de Judea formaban un útil contingente (¿recuerdan cómo David mató a Goliat con una honda?).

Un estilo que Asiria nunca adoptó realmente fue la guerra naval. El primer uso de barcos data del 694 a. e. c. bajo Senaquerib, e incluso entonces, Asiria utilizó barcos y tripulación fenicios y griegos. Dado el auge de las ciudades-estado griegas, muchas de las cuales se convirtieron en fuertes potencias marítimas, esto habría supuesto una gran desventaja si Asiria hubiera intentado expandirse más al oeste, en el Mediterráneo.

Tomar un territorio en la guerra es una cosa; mantenerlo es otra muy distinta. Aquí es donde entraba en juego el «Camino del Rey». Se trataba de un servicio postal o de mensajería. Cada gobernador tenía la tarea de mantener los puestos de escala en sus provincias. Esto servía solo al Estado, no a los viajeros particulares. Todos los nobles llevaban anillos de sello con el emblema imperial; una carta que llevara este sello sería identificada inmediatamente como una carta que requería una transmisión urgente. También podían enviarse emisarios, sobre todo si el asunto era demasiado delicado para escribirlo, pero era una innovación asiria enviar una carta sin emisario para que llegara antes al destinatario. Era más lento que el Servicio Postal estadounidense, pero resultaba fiable si se tenía el anillo de sello adecuado. Sin embargo, sin el sello adecuado en la carta, esta podía no llegar a ninguna parte.

Conclusión

Los asirios ocupan un lugar crucial en la historia del mundo. Sin los asirios, quizá no hubiera existido un Imperio neobabilónico ni un Imperio persa. Alejandro Magno podría haber seguido siendo un desconocido rey macedonio, y Roma podría no haberse expandido nunca hasta apoderarse de la mayor parte de Europa. La idea misma de un imperio es uno de los legados de Asiria.

Mientras que Egipto se aferraba a menudo al pasado, Asiria consiguió adaptarse a las circunstancias sin dejar de mirar siempre a sus raíces en busca de inspiración. El desarrollo de sistemas avanzados de contabilidad, enclaves comerciales y una oficina de correos, así como la movilidad de los pueblos dentro del imperio, fueron todas ellas novedades, y los futuros imperios se beneficiaron de ello. Asiria se convirtió en un imperio militar gracias a su imperio comercial, del mismo modo que el imperialismo británico surgió de las aventuras comerciales de la Compañía de las Indias Orientales.

Asiria tomó prestado con frecuencia de la cultura babilónica, aunque conservó su propia lengua distintiva. También fue el primer imperio en considerar que la pertenencia era más importante que la identidad étnica. La definición de un asirio era simplemente alguien que sacrificaba a Assur o proporcionaba bienes para esos sacrificios.

Sin embargo, lo verdaderamente asombroso de Asiria es que parece haber estado bajo el control de la misma familia durante casi dos mil años. En comparación con la historia sumeria, que presenta cambios incesantes y discontinuos, con ciudades y dinastías compitiendo por el poder, Asiria fue un imperio estable y ordenado. Se identificó como una fuerza de orden, llevando la civilización y el culto a Assur a otras tierras. Los templos y palacios se reconstruían una y otra vez, pero siempre en el mismo emplazamiento y siempre incluían las inscripciones originales de los cimientos, si se podían encontrar.

Cuando el Imperio persa fue creado por Ciro, que conquistó Babilonia en 539, utilizaba una lengua diferente (elamita, no acadia). Aun así, los persas copiaron gran parte de su civilización de las culturas mesopotámicas. El *lamassu* voló de Asiria a la capital persa de Persépolis, y los nobles persas coleccionaban objetos de arte asirios.

Más recientemente, Sadam Husein incorporó los monumentos asirios a su propio estilo de construcción del imperio. Por desgracia, esto convirtió los yacimientos arqueológicos y los museos en objetivos prioritarios de la oposición. Se produjo el saqueo del Museo de Irak, la destrucción por parte del ISIS del zigurat de Kalkhu y el arrasamiento de gran parte de Nínive. Echando un vistazo a la historia de Mesopotamia en el siglo XX, solo cabe concluir que el Imperio asirio hizo un trabajo bastante bueno dirigiendo un Estado estable y próspero.

Vea más libros escritos por Enthralling History

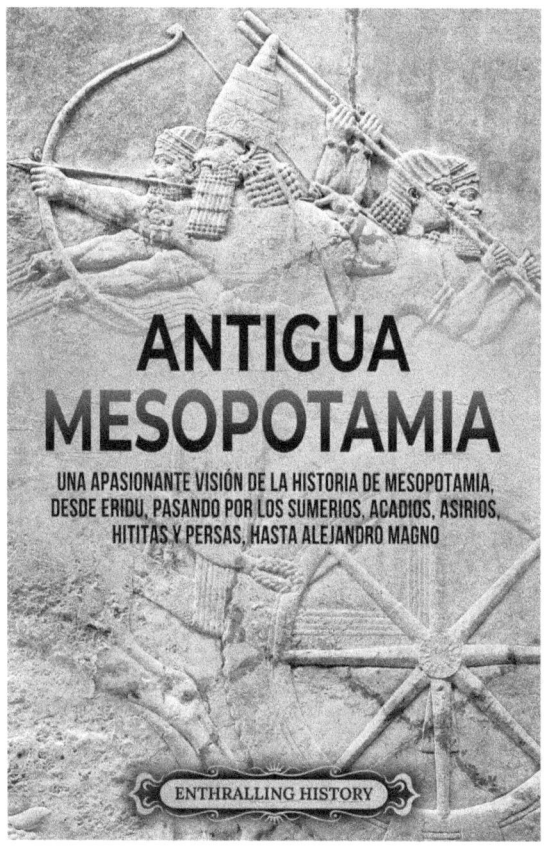

Referencias

Cotterell, Arthur. *The First Great Powers: Babylon and Assyria*. Hurst & Company, London, 2019.

Crawford, Harriet. *The Sumerian World*. Routledge, London and New York, 2013.

Crawford, Vaughn E; Harper, Prudence O; Pittmann, Holly. *Assyrian Reliefs and Ivories in the Metropolitan Museum of Art: Palace Reliefs of Ashurnasirpal II and Ivory Carvings from Nimrud*. Metropolitan Museum of Art, New York, 1980.

Curtis, JE and Reade, JE. *Art and Empire: Treasures from Assyria in the British Museum*. British Museum Press, London, 1995.

Düring, Bleda S. *The Imperialisation of Assyria: An Archaeological Approach*. Cambridge University Press, Cambridge, 2020.

Elayi, Josette. *Sargon II, King of Assyria*. SBL Press, Atlanta, 2017.

Elayi, Josette. *Esarhaddon, King of Assyria*. Lockwood Press, Columbus, Georgia, 2023.

Elayi, Josette. *Sennacherib, King of Assyria*. SBL Press, Atlanta, 2018.

Frahm, Eckart. *A Companion to Assyria*. Wiley Blackwell, Malden MA, 2017.

Frahm, Eckart. *Assyria: The Rise and Fall of the World's First Empire*. Basic Books, New York, 2023.

Kramer, Samuel Noah. *The Sumerians: Their History, Culture and Character*. University of Chicago Press, Chicago, 1963.

Melville, Sarah C. *The Campaigns of Sargon II, King of Assyria, 721-705 BC*. University of Oklahoma Press, Norman, Oklahoma, 2016.

Radner, Karen. *Ancient Assyria: A Very Short Introduction*. Oxford University Press, Oxford, 2015.

Fuentes de imágenes

1 https://commons.wikimedia.org/wiki/File:Artist%E2%80%99s_impression_of_ Assyrian_palaces_from_The_Monuments_of_Nineveh_by_Sir_Austen_Henry_La yard,_1853.jpg
2 Goran tek-en, CC BY-SA 4.0 <https://creativecommons.org/licenses/by-sa/4.0>, vía Wikimedia Commons; https://commons.wikimedia.org/wiki/File:N-Mesopotamia_and_Syria_english.svg
3 Hardnfast, CC BY 3.0 <https://creativecommons.org/licenses/by/3.0>, vía Wikimedia Commons; https://commons.wikimedia.org/wiki/File:Ancient_ziggurat_at_Ali_ Air_Base_Iraq_2005.jpg
4 https://commons.wikimedia.org/wiki/File:Sargon_of_Akkad_(1936).jpg
5 https://commons.wikimedia.org/wiki/File:Gudea_of_Lagash_Girsu.jpg
6 Jononmac46, CC BY-SA 3.0 <https://creativecommons.org/licenses/by-sa/3.0>, vía Wikimedia Commons; https://commons.wikimedia.org/wiki/File:Assyrian_lions.png
7 Hammurabi, CC BY 3.0 <https://creativecommons.org/licenses/by/3.0>, vía Wikimedia Commons; https://commons.wikimedia.org/wiki/File:P1050763_ Louvre_code_Hammurabi_face_rwk.JPG
8 https://commons.wikimedia.org/wiki/File:Iraq;_Nimrud_-_Assyria,_Lamassu%27s_Guarding_Palace_Entrance.jpg
9 Osama Shukir Muhammed Amin FRCP(Glasg), CC BY-SA 4.0 <https://creativecommons.org/licenses/by-sa/4.0>, vía Wikimedia Commons; https://commons.wikimedia.org/wiki/File:Assurnasirpal_II_performs_religious_ritu als_before_the_sacred_tree._From_Nimrud,_Iraq._865-860_BCE._British_Museum.jpg
10

https://commons.wikimedia.org/wiki/File:Tell_Ahmar,_mural_palacio_rey_Tiglatpileser_audiencia_sicglo_VIII.jpg

11 Osama Shukir Muhammed Amin FRCP(Glasg), CC BY-SA 4.0 <https://creativecommons.org/licenses/by-sa/4.0>, vía Wikimedia Commons; https://commons.wikimedia.org/wiki/File:Tiglath-pileser_III,_an_alabaster_bas-relief_from_the_king%27s_central_palace_at_Nimrud,_Mesopotamia.,JPG

12 https://commons.wikimedia.org/wiki/File:Reconstructed_Model_of_Palace_of_Sargon_at_Khosrabad_1905.jpg

13 Timo Roller, CC BY 3.0 <https://creativecommons.org/licenses/by/3.0>, vía Wikimedia Commons; https://commons.wikimedia.org/wiki/File:Sanherib-tr-4271.jpg

14 Fotografía: Anthony HuanTexto: George Smith en 1871 (Dominio público), CC BY-SA 2.0 <https://creativecommons.org/licenses/by-sa/2.0>, vía Wikimedia Commons; https://commons.wikimedia.org/wiki/File:Rassam_cylinder_with_translation_of_the_First_Assyrian_Conquest_of_Egypt,_643_BCE.jpg

15 https://commons.wikimedia.org/wiki/File:Assur_god.jpg

16 Sailko, CC BY 3.0 <https://creativecommons.org/licenses/by/3.0>, vía Wikimedia Commons; https://commons.wikimedia.org/wiki/File:Ishtar_on_an_Akkadian_seal.jpg

17 Allan Gluck, CC BY 4.0 <https://creativecommons.org/licenses/by/4.0>, vía Wikimedia Commons; https://commons.wikimedia.org/wiki/File:Assyrian_Relief_of_the_Banquet_of_Asurbanipal_From_Nineveh_Gypsum_N_Palace_British_Museum_01.jpg

18 Museo Británico, CC BY-SA 3.0 <https://creativecommons.org/licenses/by-sa/3.0>, vía Wikimedia Commons; https://commons.wikimedia.org/wiki/File:Inlaid_and_gilded_panel_-_WA_127412_-_British_Museum.JPG

19 Osama Shukir Muhammed Amin FRCP(Glasg), CC BY-SA 4.0 <https://creativecommons.org/licenses/by-sa/4.0>, vía Wikimedia Commons; https://commons.wikimedia.org/wiki/File:Assyrian_siege-engine_attacking_the_city_wall_of_Lachish,_part_of_the_ascending_assaulting_wave._Detail_of_a_wall_relief_dating_back_to_the_reign_of_Sennacherib,_700-692_BCE._From_Nineveh,_Iraq,_currently_housed_in_the_British_Museum.jpg

www.ingramcontent.com/pod-product-compliance
Lightning Source LLC
Chambersburg PA
CBHW070338010526
44107CB00004B/542